高校英語のアクティブ・ラーニング

成功する指導技術＆
４技能統合型
活動アイデア50

小林 翔 著

明治図書

まえがき

　本書は高校英語教師およびその志望者を対象とした，授業づくりの指南書です。4技能を統合した活動によって思考を深めていく授業づくりのためのヒントやアイデアを多数紹介しています。

　「Chapter 1　アクティブ・ラーニングがうまくいく！英語授業改善のポイント」では，英語であろうと他教科であろうと，小学校や中学校や高校であろうと，教科や校種を超えて共通している授業の根幹に当たる「心構え」の部分に焦点を当てています。教師として授業への姿勢の示し方や生徒との向き合い方を具体的に述べ，生徒が英語で言語活動する時間，発信する時間を確保するための原則についてまとめています。

アクティブ・ラーニングの定義

　アクティブ・ラーニング（AL）とは，「一方的な知識伝達型講義を聴くという（受動的）学習を乗り越える意味での，あらゆる能動的な学習のこと。能動的な学習には，書く・話す・発表するなどの活動への関与と，そこで生じる認知プロセスの外化を伴う」（溝上，2014）。

　次期学習指導要領においては，主体的・協働的に問題を発見・解決していくことが求められ，その基礎となる思考力・判断力・表現力等を育成することが視点となっています。目に見えて生徒が積極的に参加している状態だけでなく，静かにしているように見えても，脳が活性化されている状態を作り出すことが，アクティブ・ラーニングの視点を取り入れた授業づくりへの第一歩と言えます。

全員参加型授業の仕掛け

　「Chapter 2　アクティブ・ラーニングを実現する英語授業の指導技術」では，発問や発表形式を工夫し，主体的・対話的な学びを通して，様々な英語の技能を育てる可能性を探ることによって，授業の中での指導の広がりや

深い学びを目指します。

「Chapter 3　アクティブ・ラーニングが成功する場面別活動アイデア」では，すばらしい実践というよりは，「アクティブ・ラーニングの視点を取り入れれば誰にとっても手が届くような」教室現場での実践例を紹介することにより，「やってみよう」という意欲が湧くような内容を目指しました。高校生だけでなく，中学生も対象とした様々な実践例を紹介します。

Take Action!

生徒の「つまらない」「わからない」といった授業に対するコメントや授業中の寝ている態度は，その教師が生徒にしていることの裏返しなのかもしれません。このように伝えてきてくれた生徒のメッセージを大切にし，目の前の生徒をどうにかして伸ばしてやりたいと考え，授業改善をしなければいけません。

英語教育推進リーダーや東京教師道場の指導助言者，教員向けセミナーの講師として様々な所で授業公開や授業観察をさせていただく時に，「愛情を持って生徒に接し，アクティブな授業をすること」を必ず伝えています。熱意が生徒に伝われば，前向きな姿勢で授業に取り組んでくれるからです。やる気に満ちた生徒を見た教師は，さらにやる気が出ます。この好循環のサイクルを作れるかどうかは，教室でただ1人しかいない私たち教師次第です。自立した学習者を育てるためにはまず教師がアクティブ・ラーナーである必要があります。

以上のような特徴を持った本書を十二分に活用して，多くの読者の方々が，よりアクティブになり，その授業を受けている何百人，何千人もの生徒がアクティブになるようなきっかけになれば，これにまさる幸せはありません。

最後になりましたが，常に最も的確で愛情たっぷりな助言をしてくださり，英語教育という幸せな道にお導きくださった，靜哲人先生に，この場を借りて最大の感謝と尊敬の念を表したいと思います。

2017年1月　　　　　　　　　　　　　　　　　　　　　　　　　　小林　翔

Contents

まえがき 3

Chapter 1
アクティブ・ラーニングがうまくいく！
英語授業改善のポイント

▶モデルを示す　10
▶教師の発話量に気を付ける　11
▶「Repeat after me.」から脱却する　12
▶内容理解で終わらせない　13
▶授業のゴールは CAN-DO リスト形式で事前に示す　14
▶Authentic materials を使用する　15
▶授業規律の基本1・時間を守る　16
▶授業規律の基本2・メリハリをつける　17
▶スピーキング活動は10の原則を押さえる　18
▶授業は常に公開する　20
▶授業アンケートを実施する　21

Chapter 2
アクティブ・ラーニングを実現する
英語授業の指導技術

1　発問に対する応答のルールを作る　24
2　協働学習を機能させる　26
3　学習ログ（振り返りシート）で自己評価をする　30

4	導入で主体的・協働的な授業を組み立てる	32
5	発問を工夫して生徒の意見を引き出す	34
6	発表形式を工夫して生徒の不安感を取り除く	36
7	レベル別 Summary で要約活動に変化をつける	42
8	文法は会話文と質問で指導する	46
9	Comprehension questions は本文の表現と変えて作成する	48
10	Rubric を活用した評価で主体的な学びを促す	50
11	授業の振り返りは付箋で可視化する	57

Chapter 3
アクティブ・ラーニングが成功する 場面別活動アイデア

授業開き・振り返りの場面

1	英語の授業目標を生徒と一緒に考える	62
2	夏休み明けのウォームアップ活動	65
3	長期休業明けに使える Do you know your neighbor?	66
4	授業の振り返りを行う Exit Card	68

ウォームアップの場面

5	YouTube や小道具を使った異文化体験のジグソー活動	69
6	全員の意識を向けさせるウォームアップ活動	70
7	授業の開始はQでスタート―スピーキング編	71
8	授業の開始はQでスタート―ライティング編	72
9	生徒によるオーラルクイズとオーラルインタラクション活動	73
10	1 minute chat	75
11	絵並びリスニング	80

12　語彙力，創造力，書く力を UP する作家体験　82
13　主体的にストーリーを想像する Picture description　86

発音・語彙指導の場面

14　アクティブな単語連想クイズ　88
15　音節とリズム感覚を養う Limericks　90
16　新聞記事を利用した語彙学習　92
17　日本語を使った発音練習 English 5-7-5　94
18　個別式発音テストと Back-and-Forth Writing　95
19　発音セルフモニタリング　97
20　神経衰弱からの Survey 活動　99

教科書本文の内容理解・音読・読解の場面

21　リスニングを通したリーディング Timeline reading activity　101
22　写真を使って英文をたくさん読ませる活動　102
23　映像を使った飽きさせないリスニング活動　104
24　教科書本文を様々な形に変える活動　105
25　友達に説明して理解を深める活動　106
26　協働学習を促進させる Can-Do statements　108
27　Input から Output への橋渡しをする Intake の音読活動　113
28　生徒の変容が見えるリテリング活動　115
29　3コマ漫画リテリング活動　117
30　グループで協力して行うリテリング活動　118
31　コスパの高い口頭要約—中間発表から最終発表まで　119
32　グループで行う Q&A 伝言ゲーム　124
33　ゲーム的要素を加えたペア活動　125
34　全員参加のオーラルクイズ発問　126
35　ウルトラクイズ式 TPR　127

36 評価を可視化する加算システム　128
37 ランキングで主体的な学びを促す Rating activity　129

文法指導の場面

38 スポーツ選手なりきり Interview 活動　130
39 気づきを促す文法指導　132
40 付箋を使った It is ～（for 人）to...の構文定着活動　134
41 文法を意識したスピーキング活動 Finding a lie game　136
42 ジグソー法によるターゲット文法の定着活動　138

自己表現活動の場面

43 グループで創作する英語スキット（劇）　140
44 サイコロを使った自己表現活動 Story cubes　142
45 ターゲットワードを用いた自己表現活動　143
46 Persuasive Speech のための Persuasive Writing　145
47 ペア・グループで行う Build Up Discussion　146
48 身近なものを題材にした自己表現活動　148
49 5 Step ロールプレイング　150
50 5 Points Rotation　155

コラム

アクティブ・ラーニングの成功は生徒との人間関係作りから　22
ペア・グループ学習がうまくいかない時の打開策　60
教師がアクティブ・ラーナーになる　157

Chapter 1

アクティブ・ラーニングがうまくいく！
英語授業改善のポイント

モデルを示す

> 「プレゼンテーションなど生徒一人ひとりに発表をさせる時に，生徒によって発表時間が短すぎたり，原稿を読み上げるだけになったり，声も小さく早口で終わってしまったり」といった苦い経験はありませんか。

1 ▷ 教師がモデルを示す

　生徒:「何分程度ですか？」「暗唱ですか？」「今日の時間中に全員発表が回ってきますか？」生徒が発表のイメージを持っていないと，このような質問が出てしまいます。発表のルールを事前に口頭で説明することは肝心ですが，「Seeing is believing.」です。まずは教師が生徒の発表者1番目の役割を担います。目の前で教師が最初に発表すれば，どの程度の発表レベルが求められているのかを簡単に示すことができます。また，生徒は誰でも最初に発表することを避けたがります。こうすると2番目からのスタートになるので，比較的緊張せずに発表させることができます。

2 ▷ 他の生徒や先輩がモデルを示す

　生徒はよく友達の発表をみて自分の発表を調節します。初めの生徒が原稿を読み上げてしまうと，次の生徒も同じように読み上げてしまうといったような，易きに流れてしまう傾向があります。そうさせないために，優れた発表の参考例を用意します。既に終わった他のクラスの生徒の発表や去年の映像などを見せて，刺激を与えます。友達や先輩がこれだけできるのかと分かると，自分も頑張らなくてはとモチベーションが高まります。求めているレベルと目標を示せば，積極的に取り組ませることができます。

教師の発話量に気を付ける

> 教師:「生徒にきちんと話が伝わっているか不安で,何度も繰り返し同じ説明をしてしまいます」これでは,生徒が英語を使って活動をする時間が単に奪われるだけでなく,やる気までも奪ってしまうかもしれません。

1 ▷ 教師の説明は「日本語」で簡潔に出す

　生徒の理解度に応じて説明の仕方を変えますが,初めて活動を紹介する時に英語で回りくどく説明を繰り返すより,思い切って簡潔に日本語で説明し,次からは英語で説明しても構わないと思います。生徒が英語を使って活動する時間を確保するには,効率的に日本語を使用することも時には必要です。

2 ▷ 名前を付けてルーティーン化する

　よく行う活動パターンをルーティーン化し,生徒を活動自体の方法や英語の指示に慣れさせます。その時に活動名をつけて生徒と共有しておくと,次回からの指示は名前のみ,あるいは簡単な説明のみで済みます。

3 ▷ 生徒を巻き込む

　説明時には誰か1人生徒に教壇の前に来てもらい,一緒に実演してもらいます。友達が教壇に立っているというだけで,他の生徒は食い入るように顔を上げて聞き入ります。特にペアワークの説明などでは効果的です。生徒が英語を使う時間を確保するためには,このように教師の指示の出し方を工夫することが大切です。

「Repeat after me.」から脱却する

> 教師:「Repeat after me.」生徒:「小さい声でリピート」教師:「Repeat after me!」生徒:「シーン……」単語や英文等リピートをさせる場面ごとにこの同じ表現を繰り返し聞かされれば,生徒も嫌になってしまいます。

1 ▷ 時間をかけすぎ!?

この「Re・peat af・ter me.」は5音節で発音されます。生徒がrepeatするまでにかかる時間はおそらく2,3秒だと思いますが,この2,3秒を積み重ねていくとかなりの時間ロスになります。

2 ▷ 1秒以内の即座リピートで生徒をコントロールする方法

教師の「ハイ!」の一言の後にリピート。教師が机をペンで一度叩いた後にリピート。「Repeat!」の一言の後にリピート。このような合図の後にはリピートをするということを決めて生徒と共有しておきます。

3 ▷ ジェスチャーを使い,簡単に生徒をリピートさせる方法

教師が右手を下から上に挙げる動作の時には右側に座っている生徒たちを,左手の動作の時は左側に座っている生徒たちを,両手の動作の時は生徒全員をリピートさせます。生徒個人の机を指さした時は個別に,その指をさした席から後ろに流れるような手振りの時はその縦列全員で,横に流れるような手振りの時はその横列全員でリピートさせます。この方法は,生徒が顔を上げて教師を見ていないとついてこられないので,生徒の口元をしっかりと観察できるというメリットもあります。

内容理解で終わらせない

> 教師:「新出語彙の導入を終えて,文法事項を説明し,本文の内容も解説し終えたので次のレッスンに進みます」この知識注入型では4技能を伸ばすことはもとより,output の機会がほとんどありません。

1 ▷ output の必要性

　十分な input がなければ英語で書いたり,話をしたりすることができないので,大量の input が必要なのは言うまでもありません。しかし,知識や技能の習得にとどまらず,それらを活用して思考力・判断力・表現力を伸ばすには output させることがもっと必要です。内容理解後であれば,output させるための言語材料は揃っています。料理に例えるならば,調理器具や具材,調味料等全てが揃っている段階です。ここで何も作らなければ,料理になりません。授業でも同じことが言えると思います。内容理解後からどのような output 活動をするかが教師の腕の見せ所です。

2 ▷ 教科書の題材を広げる output 活動

　基本的に output 活動は,「テーマベース」から考えます。すると,簡単にアクティブ・ラーニングに沿った output 活動を実施できます。教科書のテーマが「ごみ問題」であれば,生徒にとって身近なごみ問題の例をグループで考えさせ,自分たちでできる解決策まで発表させます。「輸出入」についてのテーマであれば,海外の洗剤など輸入商品を紹介している動画を見せ,逆に日本からどのような商品を輸出し,効果的に海外に PR できるか考えさせて,同じような CM 動画を作成させることも可能です。

授業のゴールは
CAN-DOリスト形式で事前に示す

教師：「今日の授業で英語を用いて何ができるようになった？」生徒：「何ができるようになったのか分かりません」このやり取りは，教師と生徒の間でその授業の目標が共有されていない時に起こる典型的な失敗例です。

1 ▷ スポーツ選手と監督の関係⇔生徒と教師の関係

「トップアスリートと呼ばれている選手達が大会で勝てるように，監督やコーチは技術指導をし，日々のトレーニングのサポートをしています」この文章を英語教育に置き換えてみると，「生徒たちの英語力を向上させるために，教師は英語を教え，毎時間の英語学習をサポートしています」大切なのは，最初の〇〇のためにという目標です。「英語を用いて何ができるようになるか」と具体的な目標を設定するとCAN-DOリストになります。

2 ▷ 前の授業の終わりと次の授業の最初に
具体的な目標を明確にする

「ペアになり，〇〇という英語の表現を用いて日本の伝統文化を紹介できる英文を2つ以上書くことができる。4人グループを作り，日本食や着物等2つ以上の日本の伝統文化について口頭で発表できる」という具体的な目標を設定して生徒と共有すると，教師も生徒も互いにより意識して授業に取り組みます。予習をしてくる生徒も出てくるかもしれません。

このように，1時間の授業や1単元の目標を最初にあらかじめ示し，生徒と共有しておくことが肝心です。目標の示し方は，口頭で伝えるだけでなく，板書したりPowerPointで授業開始前から黒板に映し出したりしておくと，生徒に英語授業への心構えを持たせることができます。

Authentic materials を使用する

> 教科書で扱う英文はレベル別に英語学習者向けに編集されているので，理解しやすいものになっています。しかし，inputの量には限りがあり，量と質を確保しながら生徒の興味関心を引くには一工夫が必要です。

1 ▷ Authentic materials

　Authentic materials とは英語母語話者向けに書かれたり話されたりしているもののことです。利点は，文脈的にも文化的にも豊かな実際の言語を使用しているので，自然な英語にたくさん触れさせることができることです。教科書の世界と現実の世界とを結びつけ，実際への応用という点でも生徒の興味関心を引きやすくなります。

　例えば，E-mail, movie trailer（映画の予告），映画DVD字幕を英語で視聴，TED，ハリウッドスターが来日した時のインタビュー映像，スカイプ，CM，レストランのメニュー，天気予報，新聞記事，パンフレット，音楽，洋書の原本等。意識していれば日常生活の中に様々なAuthentic materialsを見つけることができます。

2 ▷ 自発的な家庭学習を導く

　インターネットを使い，生徒の身近な話題とからめていろいろな情報を紹介して，生徒自身が授業外でも情報を取り込むように習慣づけたいものです。

　inputを補う役割だけでなく，モチベーションを向上させるためにもAuthentic materialsを使用することは有効な手段です。テレビのニュース番組を英語の音声に切り替えて視聴する生徒が出てくるかもしれません。

授業規律の基本1・時間を守る

> 教師:「あれ,○○君がいないな,欠席かな?」遅刻して入ってきた生徒A:「トイレに行ってました〜」生徒B:「教科書ロッカーの中だ,先生とってきまーす」教師:「休憩時間中にしておくように!」これだけでは,同じことを繰り返してしまうかもしれません。見逃せないということを態度で示す必要があります。

1 ▷ 始まりが肝心

　これまでたくさんの先生方の授業を拝見してきました。そこで感じたことは,良い授業かどうかは最初の1分で分かってしまうということです。極端なことを言うと,授業が始まる前に既に判断がついてしまうこともあります。英語の指導方法が上手や下手であるという前に,授業規律がしっかりしていないと,指導の効果は半減します。

2 ▷ 時間を守る

　教師が授業開始時間と終了時間を守らなければ,生徒が守るはずがありません。開始時間と終了時間はきっちり守るようにしましょう。

3 ▷ 授業開始の前に教室に入る

　チャイムが鳴ると同時に授業を開始するためには,休み時間中に教室に入り,授業の準備を開始していなければ間に合いません。1分でも1秒でも貴重な授業を無駄にはできません。教師のその姿に生徒も影響を受け,準備をし始めます。私の場合は準備や宿題チェックがあるので,休憩時間の10分は職員室に戻らずそのまま次の教室に移動しています。音楽など移動教室の時は生徒よりも先に教室で待機しているのでよく驚かれます。

授業規律の基本2・メリハリをつける

教師：「はい，静かにしましょう」生徒：「ざわざわ」教師：「聞いていますか！」生徒は一瞬静かになりますが，また少し時間が経つと話し出してしまいました。教師：「コラ！そこ何度も注意されないように！！」これでは，お互いに気持ちよくスタートできません。注意する時間を少なくするためには最初が肝心です。

1 ▷ メリハリをつける

生徒同士仲が良くて教室の雰囲気が良いと授業が盛り上がって楽しいのですが，度を越してふざけてしまった時にきちんと注意をするかしないかでその後の指導が全く変わります。やるときはやる，聞く時は聞く，この基本的なことを最初からきちんと言葉で生徒に伝えます。

2 ▷ 挨拶をしっかりする

第一声は挨拶で始まると思います。その時の声が小さくて元気がなかったり表情が暗かったり，下や横を向いていたらやり直しさせます。

3 ▷ 体で聞く姿勢を作る

教師が話をする時は，こちら側をしっかりと体ごと向かせます。表情を見れば話が伝わっているかどうか一目瞭然です。

4 ▷ ペアで連帯責任

友達同士でも注意し合える協力体制を作ります。おしゃべりは1人の問題ではありません。意識して学び合える関係を作ります。

スピーキング活動は10の原則を押さえる

　スピーキング活動が成功するかどうかは，教師のプランニング次第です。活動の目的，身に付けさせたい力，ねらい，手順，評価等をよく考えて活動させます。

原則1：インフォメーションギャップ（コミュニケーションの必要性）

　英語でのコミュニケーションを通して情報を収集させましょう。ペアワークでは相手が自分の知らない情報を持っている状態を作ります。質問を通してその情報を得るということは，コミュニケーションをとる必要性があるので，積極的に活動をさせることができます。

原則2：モチベーション（生徒が参加したくなる仕掛けを用意）

　生徒にとって楽しいトピックを選びましょう。そうすることで，知りたい，話したい，聞きたいという気持ちにさせることが大切です。

原則3：チャレンジングで分かりやすいタスク（少し難しく，手順は明確に）

　ワークシートの完成を目指したシンプルなタスクを与えましょう。しかし，タスクの要求水準は高くしておかなくてはいけません。生徒に合わせ，目標を下げてしまうと，生徒の成長は止まってしまいます。常に厳しく，しかし努力をすれば乗り越えられるタスクを乗り越えた時に真の喜びがあります（ここでは「タスク」を，「授業中に英語を使用する活動」という意味で用いています）。

原則4：言語材料を制限する（ターゲット文法を使用させる）

　目的に応じて使用させる言語表現を教師が設定しましょう。単元にあるターゲットの文法事項を使用することをルールとして決めておくと，Accuracyを伸ばす言語表現を意識した練習の場になります。

原則5：言語材料は設定しない（自由に会話させる）

　目的に応じて使用させる言語表現の制限はなしに，自由にコミュニケーションさせましょう。Fluencyや意味の伝達を最優先に考えます。

原則6:場面設定（実生活の場面に近づける）

活動の時に，教室現場を現実の世界と結びつけることが大切です。リアリティさを作り出すと，活動に取り組みやすくなります。ロールプレイングでもスキットでも，場面設定を明確にしておくと，生徒はなりきって楽しんで活動します。

原則7:アクティブリスナー（聞いている生徒も積極的に参加させる）

観客がいるのといないのとではパフォーマンスに差が表れます。スポーツの試合でもサポーターがいて応援してくれているのと，観客が誰もいないのとでは，選手のモチベーションが大きく違ってきます。より良いスピーキング活動を実施するには，より良いリスナーを育てることです。そのための手立てとして，感想やコメントを書く用紙を配布します。プレゼンテーションの場面では，メモをとらせ，発表後に「質問タイム」をとり，即興的に英語で質疑応答させます。

原則8:ゴールの設定（評価基準を明確にする）

他にもより良いリスナーを育てるための仕掛けの1つに，相互評価があります。生徒同士でお互いに評価し合うことで，真剣に聞く姿勢を作ります。Rubric（評価基準表）などを用いて基準を明確化しておくと，信頼性の高い相互評価をすることができます。

原則9:スモールステップ（段階を踏んだ指導）

簡単なタスクから難しいタスクへと無理なくステップを踏ませましょう。生徒がつまずいた時はその段階ができるようになってから次に進みます。

原則10:スキャフォルディングとスローラーナーへの支援

Useful expressionsや具体例を示して，誰もが取り組めるように工夫しましょう。目の前の生徒の実態に応じて，表現の数を調整することが肝心です。

授業は常に公開する

> 教師A：「○○先生，今度の授業を見学させてもらってもよろしいでしょうか？」教師B「え，いや，私の授業なんかは…」教師C「もちろんです，いつでもどうぞ！」もし教師Bが他の人に見せられないような内容の授業をしているのだとすれば，それは生徒に対して極めて失礼なことだと私は思います。

1 ▷ いつも授業を観察し，いつでも自分の授業を公開する

　新採1年目の教師には指導教官が付き，授業見学をすることが研修に義務付けられている場合が多いと思います。しかし，何年か経つと教師自らが授業観察や授業公開を行わないと，他の先生方の授業を見ることや，見てもらう機会もほとんどなくなってしまいます。

　私はまだ教師歴12年目ですが，毎月1回以上，年20回程度は他の教師の授業を観察しています。また私の授業を観察に来られる教師も毎月十数人はいます。その中には同じ勤務先の教師もいれば，他校の教師，他府県の教師，指導主事やその他の職種の方など様々です。

2 ▷ 他教科も観察

　英語教師だけでなく，他教科の授業を観察しても学べることはたくさんあります。私は体育，音楽，美術などの実技教科はもちろん，その他の教科の授業も観察します。実技評価の方法や，個別指導の方法，個人練習の時間など英語の授業に共通するところはたくさんあります。

　生徒は他教科の教師が来ると喜びます。音楽では生徒と一緒になって歌い，体育では柔道着を着て参加します。私の授業にも数学教師を招いて，チームティーチングでモデル会話を披露しましたが，大盛況でした。

授業アンケートを実施する

> 教師A：「学校が年度末に実施しているアンケートはどれだけ意味があるのでしょうかね」教師B：「あまり結果をよく見たことがないですね」定期的に自分でアンケートを取って分析し，授業改善に努めている教師からはこのような言葉は聞こえてこないと思います。

1 ▷ 学校全体として実施しているアンケート

　学校全体で教科ごとや学年ごとにアンケート結果を出している学校はよくあります。ある程度の結果は分かりますが，例えば，コミュニケーション英語の授業について「教師の説明や指示は明確で分かりやすいものでしたか」という項目があったとしても，担当者が複数名いれば，自分の授業だけを対象にしたアンケートではないため，自分の授業について生徒からフィードバックを直接得ることはできません。

2 ▷ 自分で作成して毎学期実施する

　数年同じ教師が授業を担当した場合，何十時間も一緒に過ごしていることになります。その生徒たちの率直な意見を授業改善に役立てるには定期的なアンケートが効果的です。アンケートは無記名にし，自由記述の欄に良かった点，改善してほしい点をできるだけたくさん書いてもらいます。「小テスト用紙が全員に配られる前に受け取った生徒がすぐに開始することはやめてほしい」「スピーキングテストをする意味が分かりません」などのコメントを見ると，目的や効果についての説明が不十分であったと自分では気が付かなかったことに気づかせてくれます。生徒の声を次からの授業に反映させていくと，次第にアンケートのコメントの量が増えてきます。授業改善に役に立つのは，目の前の生徒の声であるとはっきり言えます。

コラム

アクティブ・ラーニングの成功は生徒との人間関係作りから

　アクティブ・ラーニングを成功させるためには，教師と生徒や生徒同士での良い人間関係を作ることが非常に重要です。良い関係を作るためには，そのクラスの雰囲気作りにかかっています。では，教室の雰囲気を良くするためにはどのようにすればよいのでしょうか。私は「～気」とCAN-DOリスト仕立てに「～することができる」という言葉を使って，次のようなことを意識して生徒との信頼関係を作ろうと努力しています。

教師の心構え10気

本気	何が何でも本気で生徒の英語力を伸ばすことができる。
やる気	一人一人の生徒を授業に参加させることができる。
元気	元気な気持ちに切り替えさせることができる。
雰囲気	安心して自由に意見交換させることができる。
その気	仲間同士を繋ぎ合わせ，その気にさせることができる。
根気	根気強く生徒の意見を待つことができる。
活気	活気あふれる授業をすることができる。
士気	指揮者のように集団をまとめ，士気を高めることができる。
負けん気	信念を貫き，有言実行することができる。
空気	一瞬で教室の空気を変えることができる。

　これらは，私が常に意識している授業への態度です。教師自身がこのような気持ちで常日頃から授業に臨んでいれば，生徒もその気持ちを敏感に読み取り，ピグマリオン効果も発揮され，生徒が主体的に動くようになります。

　"If you would be loved, love and be lovable." by Benjamin Franklin ベンジャミンフランクリンがこのように言っているように，生徒を本気にさせたいのであれば，まず先に教師が本気の態度を示すことが大切だと私は思います。

Chapter 2

アクティブ・ラーニングを実現する
英語授業の指導技術

1　発問に対する応答のルールを作る

　指名された生徒や発表するペアやグループの生徒だけが緊張し，それ以外の生徒はお客様のようにただ座って聞いている。あるいは自分たちの発表の順番が来るまでは，自分たちの発表の原稿を見直して準備をしているといった場面を見たことはありませんか。聞いている側がこのような自分には関係ないといった姿勢でいると，発表する側のやる気も上がらず，機械的に淡々と進んでいってしまいます。

▶英問英答のやりとりでの問題点

　英問英答のやりとりの場面を具体的に挙げてみます。教師が質問し，生徒を指名して答えさせる。次の質問をし，また別の生徒が答える。これでは会話のキャッチボールが1対1でのみ行われていて，その他の多数の生徒は聞いているだけになります。最悪な場合では，答える生徒の声が小さすぎて聞こえない時に，教師がその生徒の近くに歩み寄り，他の生徒は全く聞こえないといった状況です。これでは，教師から指名された少数の生徒だけしか英語でやりとりをしていません。

　次に，指名をせずに教師の質問に対して一斉に全員で答えるという方法です。1つの問いに対して一斉に多数の生徒が反応するので，多くの生徒の練習量を確保することは期待できます。また，一斉に答えを言うシステムなので，自信のない生徒も指名をしなくても多数の生徒の声に紛れて発言してくれます。しかし，これにも少々問題点はあります。英語が得意で積極的な生徒が素早く教師の問いに反応し，大きい声で自信をもって答えてくれるので，英語が得意な生徒たちがよりフォーカスされてしまいます。そうすると，次第に積極的に答えてくれる集団に頼ってしまい，他の生徒が受け身な状態に陥ってしまいがちです。このような状況にさせないための方法を紹介します。

▶生徒1人の解答に対し，全員でリピートする

　指名して1人の生徒に答えさせて終わるのではなく，その発言を他の生徒もしっかりと聞き，生徒全員にリピートさせます。指名せずに一斉に答えさせる時でも，机間指導しながら1人の答えを拾い上げ，その生徒にもう一度言ってもらい，その答えを全員にリピートさせます。そうすると，生徒全員が聞こえるような大きな声で発言するようになります。

▶ペアでのQ＆Aでワンクッション置く

　教師の質問が理解できないから答えることができないのか，理解はできたけれども答え方が分からないのか，理解はできたし答えも分かっているけど正解の確証もないので他の誰かが答えてくれるのを待っているのか，生徒が反応しない理由は様々です。それらの不安を取り除くことができるのが，合図を決めて行うペアでのQ＆Aでワンクッション置く方法です。教師が全体に向けて質問し，あるジェスチャーを見せたら，ペアの1人がその質問を即座にリピートし，ペアのもう1人が解答を言います。ペアでのQ＆Aの役割分担ですが，「ピコ太郎」のように，右手にペンを持ち，左手にリンゴを持っているジェスチャーを見せます。右手側を質問役，左手側を解答役と決めます。左右のジェスチャーを変えると，ペアワークでのQ＆Aの役割も変わります。そのためのペアワークQ＆Aの時間を毎回の質問ごとに5秒から10秒とります。難しい質問の時などは，生徒のレベルに応じてペアワークの時間を少し長めにとる等，さじ加減が重要です。

　教師の発問に対して1人の生徒だけが答えるのではなく，生徒全員が具体的に何をするのかを理解していれば，受け身の姿勢から積極的に発言するようになります。これらの発問に対する応答のルールは，生徒の実態に合わせて，組み合わせて行うとより効果的です。アクティブリスナーを育てるためには，このように指名されていない生徒も含め全員で取り組むことが大切です。

2　協働学習を機能させる

「先生，○○て英語で何て言うのですか」生徒からこのような質問を受けた時は，その場ですぐに答えを教えたり，辞書で調べさせたりしていました。しかし，ある時次のような場面に遭遇してからは，すぐに正解を教えることはやめました。

▶ One for all, all for one.

授業中に，1人の生徒が最初に次のような質問をしました。

S1：何のお土産を買ったの，と英語で言いたいのですが。
S2：Souvenir.
S3：What souvenir did you buy?
T：Good, any ideas? If you don't know the word of souvenir, then how do you express that? Can you express that without using the word of souvenir?
S3：Did you buy something for your family?
S1：Thanks.

この瞬間に「この生徒同士でアイデアを出し合う方法は使える！」と思いました。一見やりとりが多く，まどろっこしく感じるかもしれませんが，教師がすぐに正解を教えてあげるだけでは決して得ることができなかった生徒同士の学び合いがそこにはありました。まだこのように生徒同士がアイデアを出し合うことが難しい状態の時は，上のTのコメントの後に続けて「Talk to your partner for 30 seconds.」と言い，机間指導しながらペアワークの会話に耳を傾けます。そして適切な表現を言えている生徒の声を拾い上げ，すぐに全体で共有します。

▶ 言いたいことが英語で言えない時のオーディエンス

　生徒が英語で発表していて，言いたいことが英語で言えない場面に遭遇した時に，「How do I say 日本語 in English?」と発表している生徒が質問し，座って聞いている他の生徒が一斉に自分なりの考えを英語で教えてあげるというシステムです。

　　S1：How do I say 日本語 in English?
　　SS：「　A　」「　B　」「　C　」

　この時，座っている多くの生徒は様々な表現で答えてくれるので，慣れない最初の頃は質問した生徒がどの生徒の表現を参考にすればよいのか分からず，いい意味で悩んでしまう場面もありました。その時は，教師がその中から1つピックアップしてあげるとスムーズにその表現を選択し，使うことができていました。

▶ 英語で言いたいことが言えたという体験をさせる

　友達の必死な姿を見ると，なんとかして助けてあげたいという気持ちになり，真剣に聞き，アドバイスをするようになります。発表者側も自分がピンチな時には，友達がきっと助けてくれると思い，自信を持って発表します。ここでのポイントは生徒が英語で言いたいことが言えない状態から言いたいことが言えたという体験をさせることができるところです。このようなgive and take の関係が一度作られると，授業中の様々な場面で学び合い，教え合いが起こります。生徒のアドバイスには教師も思いつかない素敵な表現や，鋭い視点が盛り込まれており，聞いている教師側も毎回どのような表現が出てくるのか楽しみになります。
　この「誰もが誰からも学べるのだよ」の姿勢が教室の雰囲気を非常に心地よくさせてくれます。

▶ Two heads are better than one.

「三人寄れば文殊の知恵」という意味です。簡単に言うと，3人で集まって相談すれば，良い知恵が出るものだ，という意味です。これはペアワークやグループワークなど英語学習における協働学習としては的を射た諺だと思います。

協働的な学習活動では他者とかかわることが大前提です。その利点は自分1人では分からなかったことが，友達と相談し，様々な意見を交換する過程で理解が促進されることです。また，自分の意見を相手に伝えることで，生徒自身の理解の深化が可能になります。アクティブ・ラーニングには協働学習による学び合いが不可欠ではないでしょうか。

ただし，協働学習による学び合いの場は諸刃の剣です。教師がポイントを押さえておかないと，生徒の管理が行き届かず，人任せにする生徒がでてしまうという危険が潜んでいます。

▶ 協働学習を機能させるポイント

① 全員で目標達成に向けた課題を解決する。
② 相互協力が必要不可欠である。
③ 各自が負うべき責任を明確化する。
④ 発表と振り返りの場を用意し，協働学習のメリットを確認する。
⑤ 教師が足場掛け（scaffolding）していく。

この5つのポイントを意識して臨めば，ピア・プレッシャーでなく，ピア・サポートと呼べる良好な関係を築くことができると思います。

▶ 信頼関係が協働学習には大切

協働学習を機能させるポイントを述べてきましたが，大前提としての人間関係が悪ければほとんど役に立ちません。

▶ 教師と生徒の関係

　私は,「生徒に迎合しない。嫌われることを恐れない。確固たる信念をもって授業で勝負し続ければ, 必ず英語の力をつけることができる！」というポリシーをもって授業に臨んでいます。「厳しいし課題も多くて大変だけど, この英語の授業は力がつく」, 逆に「楽だし, 厳しくないから好き」このように生徒が授業に対して抱いている想いは十人十色です。積極的に生徒を授業に参加させるには, 前者のように「この授業のおかげで〜ができるようになった」と英語の力がついたことを体感させることが重要です。

　私は指名した時に生徒が沈黙したり, 分かりませんと答えたりしても, 絶対に他の生徒を指名しません。分からなくて恥ずかしいと思わせてしまうだけでなく, 黙っていればなんとかなるという気持ちにさせてしまうからです。そのような時は, ヒントを言ったり, ペアで助け合ってみようと言ったりして最終的にその生徒が答えられるように誘導します。また, 意識してほめ言葉をたくさん使うように心掛けています。

▶ 生徒同士の関係（ペアやグループ）

　教師がまだ生徒情報を把握していない最初の頃は指定席にします。ペアワークやグループワークを活発にさせるためには, メンバー構成が重要です。男女の割合, 得手不得手, 仲の良い友達同士等を考慮します。教師が生徒の特長を理解できる頃（半年程度）には, ある程度生徒同士でペアやグループを決めさせることもあります。「協働学習が機能しない場合はすぐに指定席に戻します」と宣言しておくと, 責任をもってペアやグループを決めます。自由には責任がついているということを伝える機会にもなります。

　これらのポイントを押さえておくと, 学び合いや働きかけが生まれる協働的な学習活動になります。協働学習においては, 生徒同士の人間関係が成否を分けると言っても過言ではありません。

3　学習ログ（振り返りシート）で自己評価をする

　教師Ａ：「スピーキング活動は評価していますか？」教師Ｂ：「評価していませんね。他にやることも多いし，評価方法も分からないのでスピーキングテストを１回程度実施するだけです」このような場面を見たり聞いたりしたことがある教師は意外と多いと思います。

▶パフォーマンス評価

　話す活動は評価が難しいから行わないと決めてしまい，話す機会が少なくなると生徒の話す力は向上しません。指導と評価をセットで考えることは大切です。しかし，私は全ての話す活動を評価する必要はないと思います。スピーキングテストをどう評価するかと考えるのではなく，話す活動を頻繁に行いながら効率よく評価できる方法を考えることが重要です。

　そこで，日々の授業で使える学習ログ（振り返りシート）を紹介します。前もって生徒に配布し，毎時間授業後に生徒自身が記録します。ねらいは，２つあります。１つ目は，生徒に活動のポイントを意識させて授業に取り組ませることです。２つ目は，点数化され蓄積されていくので，自分の立ち位置（パフォーマンス成績）が把握できることです。教師側にも「これに沿った話す活動を指導するようになる」というねらいがあります。目標や目的が曖昧なまま話す活動をさせることがなくなります。

　自己評価なので，もしかしたら一部の生徒は自分に甘く評価をつけてしまうかもしれません。しかし，それよりも話す活動に対する波及効果のほうがずっとコストパフォーマンスは高いと思います。生徒に活動のポイントを示し，目標を持たせ，自己評価させることで責任感を持たせることができます。これだけでも生徒の授業への取り組む姿勢が変わります。

自己評価
4：よくできた，3：できた，2：あと少し，1：ほとんできない，0：全くできない

場面	内容	授業番号	
ペア・グループワーク	相手に聞こえるように適切な声量で言うことができた		
	相手の目を見てメッセージを伝えることができた		
	日本語を使わずに質問や意見交換ができた		
発話活動	教科書の概要を自分の言葉で伝えることができた		
	教科書の英文を1文単位で別の表現に言い換えることができた		
	教科書の内容について感想を述べることができた		
	教科書の内容について質問を作成することができた		
Q&A	先生の質問を理解し，積極的に答えることができた		
音読	ターゲットとなっている個々の子音を意識して正しく発音できた		
	ターゲットとなっている個々の母音を意識して正しく発音できた		
	文強勢を置く内容語や固有名詞を強く長くハッキリと言うことができた		
	機能語等は弱く短く速く言うことができた		
	適切な位置でポーズを置いて意味のかたまりごとに言うことができた		
	音の連結に注意しながら発音することができた		
得点	各場面の合計点数を計算する		

反省および課題点

/	
/	

感想・良かったところ

/	
/	

4 導入で主体的・協働的な授業を組み立てる

　1回50分の授業で,「生徒が授業中に最低25分以上英語で活動を行うこと」と「主体的・協働的に学び合うこと」を軸に指導計画を立てます。意欲的な生徒の集団であったとしても,生徒が授業の半分以上の時間を受け身な状態で受けていると,あまり学習効果は期待できないからです。

▶ウォームアップに英語でディスカッション

　主体的・協働的に取り組ませるためには,本文を読ませる前の活動として授業の開始と同時にまず生徒同士で話し合いをさせます。

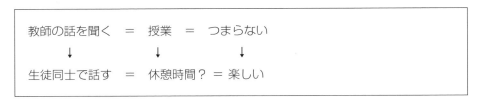

という固定観念を利用します。例えば教科書のテーマがインドの言語や文化についてであれば,教科書のタイトルの下によく載せてあるカレーやサリーを着ているインド人,国旗などの写真を次々にPowerPointでスクリーンに映し出します。そして,「What are they eating?」,「What is she wearing?」,「What country is this national flag for?」,「Tell your partner what you know about this country for 1 minute.」と発問してペアで取り組ませます。写真や教師の発問(下線部がキーワード)がヒントになり,これから学ぶトピックについて英語でディスカッションさせるのに役立ちます。

▶スローラーナーを対象とした授業でも英語でディスカッション

　口頭だけで発問するのではなく,写真や絵の下に教師の発問文を文字とし

て提示してあげると理解しやすくなります。「英語で意見交換をする方法は自分の学校の生徒にはレベルが高すぎて取り組ませるのが無理だ」と思うのではなく，一言二言でもよいのでやらせてみることです。スローラーナーを対象とした授業でも，スライドを見ながらキーワードを読み上げて「Eat curry! Sari! Wearing! Country! Flag! India!」等の単語を言うことは十分可能です。ここでのねらいは英語を使ってスムーズに生徒を授業にのせることなので，この状態だけでも既に教師の思惑通りです。

　最初のうちはそれらの単語を教師が拾い上げて英語でそのまま簡単に説明し，１文単位でリピートさせます。それを繰り返していくとだんだんと１文程度の短い英文なら生徒同士で言えるようになってきます。このように，「これならできそうだ」と思わせるには，出だしが肝心です。主体的・協働的に取り組ませるためには授業の開始と同時に教師が説明をするのではなく，生徒がディスカッションしやすいように仕掛けとなるヒント（写真やキーワード）を提示し，生徒同士で話し合いをさせましょう。

▶ クイズ形式ペアワーク編

　自由にディスカッションさせるパターンではなく，１つずつクイズ形式にしてペアワークで説明させる方法もあります。ペアでじゃんけんさせ，「勝った生徒は目を閉じて，負けた生徒はスライドの絵を見ましょう」と指示をします。最初にカレーの写真をPowerPointで一瞬スクリーンに映し出し，「ではペアの相手に英語で説明してみましょう，ただしスライドに見えた絵をそのまま表す単語を言ってはいけません」と指示をします（例：カレーと言ってはいけません）。次に国旗，そしてサリーを着ているインド人というように１つずつ順番に提示し，クイズ形式にしてスピーキングとリスニングの練習をします。ここでもヒントとして，「Food or drink? / Spicy or sweet? / Hot, medium, mild?」等のキーワードを絵の下に提示しておくとペアワークで説明させる時に役立ちます。

5　発問を工夫して生徒の意見を引き出す

教師が発問しても，なかなか期待通りに生徒が反応しない場合も少なくはありません。「I don't know.」や沈黙が続くと教室の空気が重くなります。無反応にさせないためには発問を工夫する必要があります。

▶ 通常の発問例

題材がスポーツ（メジャーリーグ）を扱っているレッスンの例。
「Do you like baseball?」と聞いてしまうと，特定の野球ファンであればよいのですが，野球をしたことがない生徒にとっては興味があまりなく，次の教師の話に惹きつけることは難しいかもしれません。「Do you like sports?」先ほどの野球が好きかどうかという質問に比べれば，スポーツの幅が広がったので「Yes や No」の声が少しは聞こえてきそうですが，「No, I don't.」で会話が終了してしまうことも考えられます。「What sports do you like?」とオープンな質問も OK ですが，「I don't like any sports.」と応答されてしまうと困ってしまいますよね。ではどうすればよいのでしょうか。

▶ ナンバー法でゲーム的要素を加える

「今まで経験したことのあるスポーツの名前を1つずつ交互にペアで言い合い，合計10個言ってみよう。言い終わったペアは座って OK」と指示をします。具体的な数字を言い，早く終われば座れるシステムなので，他のペアよりも早く座ろうとテンポよく会話が弾みます。

「ペアを変えて，さっき言ったスポーツから自分の好きなスポーツを1つ選び，好きな理由と何年間経験してきているかを言いましょう」と指示をします。ここではさっき出し合った10個の中から1つだけを選ばせるので，

言いやすくなっています。また理由と経験年数の情報を付け足すことで，最初より少しだけ知的負荷がかかっています。

「もう一度ペアを変えて，さっきと同じ自分の情報と前のペアの情報（好きなスポーツとその理由，経験年数）を新しいペアに伝えよう」と指示をします。友達の意見を第三者に伝える必要性があるので，自分の意見をきちんと相手に伝えないと友達に迷惑をかけてしまうという責任感からもしっかりと取り組むようになります。このようにスモールステップを踏み，情報交換をする必然性を作るとアクティブリスナーを育てることできます。

▶ Personalization を意識した発問例

「What sports did you do in the last P.E class?」

この質問に「No, I don't.」や「I don't like any sports.」といった応答はありえません。このように生徒全員が経験していることについて発問するのがポイントです。例えば，体育の授業で水泳をしていれば2つ目の発問で「Do you like swimming?」，「Why? or Why not?」と聞き，その後ペアで交互に質疑応答の練習をさせます。経験に基づいた自分自身のことであれば，体験談や感想等の意見が比較的言いやすくなります。コミュニケーションを円滑かつ楽しいものにするためには，個人の体験や考え，意見などを相手に伝えることが重要です。

▶ テーマに沿ったインタビュー活動

「Find someone who likes baseball in this class.」や「Find someone who is in the baseball club.」「Stand up please, ready go!」と指示をして，生徒を一斉に立たせて教室内を歩き回らせます。ここでのミッションは人探しです。目的は本時のテーマにさらに引き込むことなので，生徒同士が英語でお互いにインタビューをしている姿が確認できればねらい通りです。このようにペアだけでなく，話す活動の人数を増やしたい時にインタビュー活動は役に立ちます。

6 発表形式を工夫して生徒の不安感を取り除く

「生徒が緊張しすぎてしまい，発表が嫌いになった」，「もっと活き活きと発表してくれればな～」このような悩みの種は多かれ少なかれあると思います。不安感の低いものほど言語の習得は進むと言われていますが，英語の授業では不安感をどのように取り除くかが課題です。

▶ ペアやグループで発表

ペアやグループ形式にすると1人の時と比べて格段に不安も少なくなります。連帯責任制にしておくと，助け合いや学び合いを引き起こせます。

▶ 自分の席で発表

毎回発表させる時に，黒板の前に生徒を来させる必要はありません。教壇の前に来るだけで緊張させてしまいます。また歩いてくるだけで時間もかかります。その場で立たせて発表させると他の生徒の視線もあまり気にならず，次々にテンポよく順番に発表させることもできます。

▶ 次の発表者も一緒に来て準備

教壇の前で個人発表させる場面では，次の発表者やその次の発表者も同時に前に来させて準備をさせます。例えば，発表のタイトルを板書させる，キーワードを板書させる，グラフや絵を描かせる等です。黒板を3分割するように線を引いて発表者が板書するスペースを確保しておくとバランスもとれて見やすくなります。

観客（発表を見ている生徒）の人数を機械的に調整して不安を取り除く方法もあります。次のページから詳しく紹介したいと思います。

▶ ラウンドガール形式で授業の20分で１人４回も発表できる！？

　発表の内容の概要をＡ３のコピー用紙に書かせ，教室の角４箇所で同時に発表させる方法です。一度に４人が発表するので，生徒の数も分散されます。発表はＡ３のコピー用紙を両手にもって頭上に挙げながら行います。ボクシングの試合などで次のラウンド間に会場の観客に向けて次のラウンド数を表示する役割を担っているラウンドガールのような姿勢です。

▶ 手順

　最初に，４人１グループを作ります。ここではクラスサイズを20人の少人数で行う場合を例に挙げます。
・発表時間は１人１分です。
・1st Round は５分で終了です。
・最初の発表者グループ１の４人を教室の角４箇所に配置します。
・グループの生徒を分かりやすく次のようなアイコンで表示します。

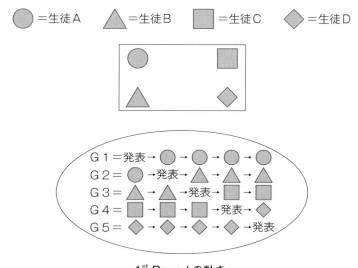

1st Round の動き

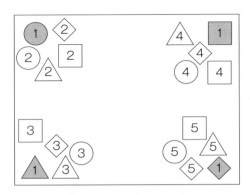

Ｇ１の発表時レイアウト

・Ｇ２の４人は●の発表を聞きに行きます。
・Ｇ３の４人は▲の発表を聞きに行きます。
・Ｇ４の４人は■の発表を聞きに行きます。
・Ｇ５の４人は◆の発表を聞きに行きます。
・Ｇ１の発表者は聞きに来た４人の生徒に向けて発表します。（1st Round）

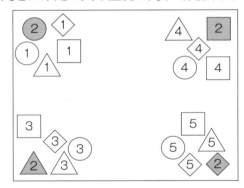

Ｇ２の発表時レイアウト

・Ｇ１の４人は●の発表を聞きに行きます。
・Ｇ３の４人は▲の発表を聞きに行きます。
・Ｇ４の４人は■の発表を聞きに行きます。
・Ｇ５の４人は◆の発表を聞きに行きます。
・Ｇ２の発表者は聞きに来た４人の生徒に向けて発表します。（1st Round）

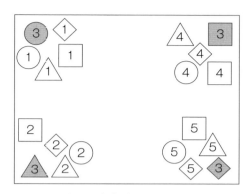

G3の発表時レイアウト

・G1の4人は●の発表を聞きに行きます。
・G2の4人は▲の発表を聞きに行きます。
・G4の4人は■の発表を聞きに行きます。
・G5の4人は◆の発表を聞きに行きます。
・G3の発表者は聞きに来た4人の生徒に向けて発表します。（1st Round）

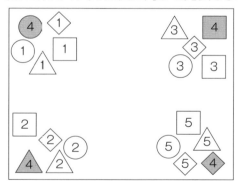

G4の発表時レイアウト

・G1の4人は●の発表を聞きに行きます。
・G2の4人は▲の発表を聞きに行きます。
・G3の4人は■の発表を聞きに行きます。
・G5の4人は◆の発表を聞きに行きます。
・G4の発表者は聞きに来た4人の生徒に向けて発表します。（1st Round）

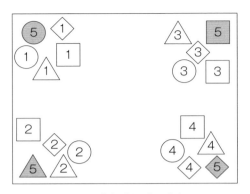

G5の発表時レイアウト

・G1の4人は◯の発表を聞きに行きます。
・G2の4人は△の発表を聞きに行きます。
・G3の4人は■の発表を聞きに行きます。
・G4の4人は◇の発表を聞きに行きます。
・G5の発表者は聞きに来た4人の生徒に向けて発表します。（1st Round）

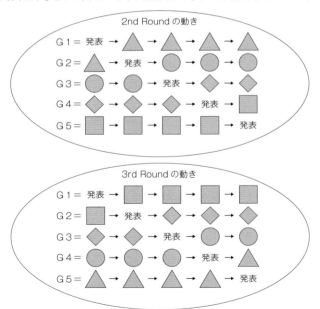

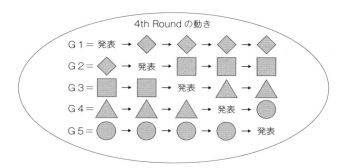

この上の流れのように，Roundごとに別の発表者の場所に聞きに行きます。

　このようなルーティーンで行うと，同じ手順で違う観客に対して4回も発表することができます。最初の1回目に発表してから次の2回目の発表までの間に他のグループの発表を数回聞いているので，友達の発表から自分の発表の改善点を見つけることもできます。4分後に2回目の再チャレンジができ，そのまた4分後に3回目の再チャレンジができ，最後の4分後には4回目の発表ができます。発表を一度きりで終わらせてしまうのはもったいなさすぎです。最初に緊張して失敗したとしても，挽回できるチャンスの場を作ってあげることで，発表しながら生徒に達成感を感じさせることができます。

　不安の感じやすさは人によって大きく異なります。また，不安はいろいろな形で第二言語習得に影響を及ぼすことが分かってきています（Dorney, 2010）。とりわけ発表活動では生徒は大きな不安を抱いています。同じような発表経験をこのような方法で意図的に繰り返すことによって不安度が下がることは間違いなくあります。

　また発表活動は時間がかかり，なかなか定期的に実施するのが難しいと思われています。しかし，その場で立たせて発表させたり，ペアやグループで発表させたり，教室の四隅でポスター発表をさせたりと，発表形式を工夫すると効率的に行うことができます。

7 レベル別 Summary で要約活動に変化をつける

> 教師 A：「生徒にサマリーを言わせてみると，教科書本文の引用ばかりになってしまったり，ポイントがずれていたりしますよね」教師 B：「そうですね，生徒によっては要約が長すぎたり，短かすぎたり，ただ準備してきたものを読み上げるだけになってしまったりということもよくあります」

▶ 質問の解答が要約ポイント

　サマリーを言わせるスピーキング活動では，生徒が何を要約すればよいのか悩まないように，あらかじめハンドアウトに本文のポイントを押さえた質問文を載せておきます。ストーリー順に質問文を用意してあげると，上から順番に解答を繋ぎ合わせるだけで，ある程度要約が完成します。そうすると，自然にその解答が要点を押さえたものになります。要約活動を指導し始めの頃は，このように教師が作成した英問を用いて要約をサポートしてあげると生徒のポイントがずれることはありません。

　指導上の留意点としては，トピックは何か，キーワードは何か，筆者が伝えたいメッセージは何か，その結果どうなったか，を含めて言うことが要約では大切であるということを伝えます。そして，第三者が初めてその要約を聞いていることを想定して分かりやすく簡潔に 1 分以内で伝えることを目標にします。

▶ キーワードやキーフレーズ

　ハンドアウトに書かれている英問に対する答えはフルセンテンスで書かせるのではなく，キーワードやキーフレーズなどの簡単なメモ程度のみを書くように指示をします。要約活動ではある程度自分の言葉で伝えることもねらいの 1 つなので，文章で答えを書かせないようにしましょう。全て完璧な英問に対する英答を書いてしまうと，生徒は読み上げてしまいがちです。キー

ワードやキーフレーズを見ただけで伝えたい内容を思い出し，要約活動の時にはその場その場で言葉を選びながら相手に伝える練習をさせます。既に身に付いている簡単な表現やそのレッスンで学んだ新たな語彙や表現を織り交ぜながら伝えることを繰り返すと，だんだんと自分の言葉で表現する力がつくようになります。

▶ 3コマ漫画や紙芝居

　キーワードやキーフレーズではなく，簡単な3コマ漫画を生徒に描かせて，それをヒントに要約活動をさせます。生徒によっては文字ではなく，ビジュアル化したイメージを利用した方がヒントになり，要約に役立つと感じる場合もあります。特に内容が物語調であり，展開がはっきりしている時などは紙芝居形式で行わせると発表時に盛り上がります。

▶ Mind Map を活用

　キーワードやキーフレーズ，記号を用いて順序立てて要約できるようにマッピングを活用します。マッピングの作成方法は，余白の上から順番にキーワードを書き，下矢印↓で繋げていく方法もあれば，余白の真ん中にメインテーマを書き，丸で囲み，そこから四方八方にキーワードを広げていく方法もあります。

　最初は，参考例として教師が作成したマッピングの例を2つ程度生徒に見せます。他のクラスの生徒が作成したマッピング例を板書して見せることもできます。面白いマッピングや他の生徒にも参考になりそうなマッピングを書いている生徒を机間指導しながら見つけては，他の生徒への参考モデルとして黒板に書いてもらうこともしばしばです。要約発表の時に板書してもらってから発表させることもあります。そうすると，聞いている他の生徒は自分のマッピングと照らし合わせて加筆修正できます。また，板書がヒントになり，発表者が今何を言っているのかがマッピングを見れば確認できるので，聞いている側の生徒も集中を切らすことがなくなります。

▶ 生徒自身の意見や感想を引き出すためのテクニック

　本文の意見や感想を生徒から引き出したい時に，何の手立てもないと「I think it is fun. It is interesting. He is great.」のみであまり深みが生まれません。本文を読んだ後に生徒から意見や感想を引き出すためには，ある程度具体的な問いかけで誘導してあげると取り組みやすくなります。

　例：本文のテーマがオーストラリアの世界遺産（ウルル）についてであれば，観光客の立場とそこを守ってきている原住民の立場でそれぞれ意見を述べるように促します。具体的に言うと，「もし自分がその観光地に行くとすれば，どのような行動をとりますか，それは何故ですか」，「もし自分が原住民という立場であれば，どのように行動して問題を解決しますか，その理由も述べなさい」。

　このように，より具体的な質問を投げかけて生徒個人で考える時間を与えます。その後にペアやグループで考えを共有させます。生徒は自分の意見を言うためにもう一度本文を読み直し，友達の意見を参考にしながらより深く理解しようと努めます。意見や感想など本文に直接書かれていないことも書ける，言えるようにすることで読みに深みが生まれます。

▶ レベル別に段階を踏んで指導する

　要約活動をさせる時に，最初からあれもこれもと生徒に要求してしまうと，容量オーバーになり消化不良を起こしてしまいます。単元ごとに要約活動を行い，少しずつ付け足しながら徐々に知的負荷をかけていくことが成功の秘訣です。まずは，質問の解答が要約ポイントになるように足場掛けをし，フルセンテンスで解答を記入してもOKなところから始めます。次にキーワードやキーフレーズのみ記入してもOKにし，教師が英問を用意せずに生徒がポイントを考えて3コマ漫画や紙芝居を書く活動を行います。更にMind Mapを活用し，生徒自身の意見や感想も言わせる要約活動まで段階を踏んで指導します。

Read text and prepare to summarize it for your partner by answering these questions:

- What's today's topic?
- What is Uluru?
- Some visitors don't show respect for Anangu culture? What do they do?
- Who are the native people of Uluru?
- What does the rock mean to the Anangu?
- Do the Anangu respect the very big rock?
- What do the Anangu teach visitors?

● Don't write your answers down in full sentences.
● Instead, note keywords and phrases only to help you remember your answers.

Mind Map (Keywords & phrases)

Your opinion: What is your opinion on this problem? Imagine you are Anangu. How do you feel? If you go to Uluru, what will you do? What should you do and what should you not do while travelling?

Now, using just the Keywords and phrases to remind you, tell your partner about the text:

8 文法は会話文と質問で指導する

　　文法が嫌いな生徒は少なくはありません。その理由の1つに説明が難しくて分からなくなり，だんだんとおもしろくなくなってしまうケース等が挙げられます。ここでは，ターゲット文法を含んだ簡単な会話文を用いて，英文を読みながら類推して文法を理解できる方法を紹介します。

▶ 最初の質問で生徒の読みたくなる気持ちを刺激する

Q1：● How old do you think Sebastian's sister and Sho are? Why?

　最初の質問（Q1年齢を予想する問い）は，会話の人物像をイメージすることで内容を理解しやすくすることが目的です。また，会話文に関する質問を最初に与えることで，興味関心を引きつけて会話文を読む目的を自然に提供することができます。この問いは正解が1つではなく，生徒の想像力次第で様々な年齢の登場人物になります。

　何も与えずに読ませるより，このように読みたくなる気持ちを刺激するような問いを最初に提示すると，生徒を会話文の中に引き込ませることができます。更に理由を聞くことでスピーキングの練習にもなります。

▶ 内容に関する質問で文法の理解度を確認

　生徒が理解できたかどうかの確認に，Concept-checking questions を用います。文脈や「I was there when I was a first grader.」「I will ask my sister about the food when she comes back.」等の表現から "have been" と "has gone" の文法的な違いを説明しなくても，Concept-checking questions（Q2＆Q3）に答えることができるはずです。答えることができれば，"have been" と "has gone" の違いを理解しています。

また，生徒の実態に応じてＱ４やＱ５を先にして，理解しているかの確認にＱ２やＱ３をその後に使うこともできます。

　文法演習などを英語でペアワークさせることは簡単ではありませんが，文脈がある会話文や質問文を使うと，お互いに質問し合いながら取り組ませることができます。日本語による一方的な説明や文脈のない例文に比べて，文法の理解力や定着度は高くなります。以下に一例を載せておきます。

Grammar point：現在完了形 have been と have gone の違い
Characters：Sebastian and Sho are friends.
Situation：They are talking about an experience in Kyoto.
Task：In pairs, read the dialogue and answer these questions:
Q１：● How old do you think Sebastian's sister and Sho are? Why?

Dialogue at break time in a Junior High School.
Sebastian：My sister has gone to Kyoto with her friends for the weekend.
Sho：Oh, I have been there. I really enjoyed seeing the temples.
Sebastian：When did you go to Kyoto?
Sho：I was there when I was a first grader.
Sebastian：I envy you. Did you try Nishinsoba and Yudoufu?
Sho：No, I didn't. But I had Mitarashidango and Warabimochi.
Sebastian：I will ask my sister about the food when she comes back. She likes Soba very much.

Concept-checking questions:
Q２：●Did Sebastian's sister come back? Is she still in Kyoto now?
Q３：● Did Sho come back? Is he still in Kyoto now?
Q４：● Why can't Sebastian talk to his sister about Kyoto?
Q５：●If you want to take a souvenir from Kyoto who would you call on the phone to ask? Why?

9 Comprehension questions は 本文の表現と変えて作成する

　本文に関する内容把握問題を作成し，授業後に「その質問は本当に理解度を確認できる質問であったかどうか」と改めて振り返って考えてみる機会はほとんどないと思います。そこで，理解して初めて解ける問いを用意します。

▶ We need to check that comprehension questions genuinely test students understanding of the text.

　内容理解問題を作成する時の留意点は，生徒があまり内容を理解していなくても答えられるような質問は避けることです。例えば，When を使い，in 2016など容易に答えが分かるような質問は生徒が本文を理解していなくても「When？」という言葉だけで解答を見つけることができてしまうからです。

▶ We should avoid using the same words as are in the main text.

　パラフレーズや，本文とは少し違った表現で質問を作成すると，単純な検索作業になりません。

例１：本文にある experience や very popular から like を使って質問。
「Young French people experience Japanese art in new ways.」
「May French book stores sell many kinds of Manga.」「…省略」
「For these reasons, Manga has become very popular in the last few decades.」
Q：What do French young people like about manga?
A：「…省略」している箇所。The characters' faces express their feelings, their movements are shown, and the stories are simple and clear.

例2：本文 was fascinated や has influenced から like を使って質問。
「Japanese ukiyoe shocked French artists.」「Monet was among them.」「He was fascinated by ukiyoe prints.」「He studied ukiyoe and painted this picture.」「Japanese art has influenced French artists since this period.」

Q：Why do you think French artists liked Japanese *ukiyoe*?
A：French artists liked ukiyoe because it shocked/surprised them and was different.

▶ 生徒自身が知っている知識と本文を結びつけた質問をする

例えば，本文のテーマが「フランス文化について」であれば，「What are some examples of French culture in Japan?」や「Think of some examples of where to find "examples of French culture in Japan."」このような質問を通して自己表現力を育成します。

解答例：French food and restaurants, French characters, French stores, French clothing.

▶ Open ended questions で思考力・判断力・表現力を育成する

「What do you notice is unusual in the first picture?」「How would you feel?」「Why do you think so?」等の発問をして，生徒個人の意見や感想を引き出します。

内容把握問題の質問文を作成する時には以上のようなポイントを押さえておけば，生徒は何度も繰り返し本文を読んで理解しようと努めると思います。なによりも自分の意見を英語で伝える難しさや，言えた時の嬉しさを体験させるには十人十色な答えがでる質問をすることが大切です。

〈参考文献〉『NEW CROWN ENGLISH SERIES New Edition 3』三省堂，平成28年度版

10　Rubricを活用した評価で主体的な学びを促す

> 「これは成績に入りますか？」生徒は評価される側なので，あらゆることに対して評価対象になっているのかどうかを心配します。しかし，一方で評価する側の教師は具体的な評価基準を生徒に十分に伝えきれていないような気がします。

▶生徒と教師の認識の差

「東京都教職員研修センター紀要第12号　教科基礎調査研究」によると，高等学校教師への質問「授業において，具体的な評価の計画を生徒にしめしているか」では81.2％が肯定的な回答をしていますが，一方生徒への質問「自分の英語の力がどのように評価されているか知っているか」では，肯定的な回答は31.9％でした。

また，「その授業で身につく力を具体的に生徒に示して授業を行っているか」では高等学校教師の77.8％が肯定的な回答をしていますが，「毎回の授業の目標を理解している」と回答している高校生は30.6％にとどまっており，生徒と教師の認識の差が大きいことが分かります。

つまり，生徒は評価基準や授業を通してどのようなことができるようになるのかが十分に伝わっていない状態で授業を受けていることになります。

▶Rubric（ルーブリック）を活用する

教師は授業の目標を伝え，評価の仕方に関する説明を更に分かりやすく，丁寧に行う必要があります。教師による評価がどのような基準によって採点されたのかを生徒にも分かりやすく示すことができる採点ツールが「Rubric」です。Rubricを利用するメリットは，教師と生徒が評価基準や目標を共有できるようになり，「どのような点について」「具体的にどのようなことができればよいか」が明白であり，評価がしやすいことです。

▶ 事前提示でモチベーションを高める

　タスク活動を行う前に Rubric を提示すると，生徒は評価の仕組みを知り，活動に対して見通しを持ちやすくなります。そうすると，授業だけでなく家庭学習においても学習意欲が高まることが期待できます。文部科学省の CAN-DO リスト活用の目的にも「教員が生徒と目標を共有することにより，言語習得に必要な自立的学習者として主体的に学習する態度・姿勢を生徒が身に付ける」とあるように，Rubric を事前に提示することによる効果や期待はますます高まっています。

▶ 生徒同士の相互評価に使用する

　スピーキングやライティングなどのパフォーマンスを評価する時に，明確な基準がないと評価がぶれてしまい，信頼性が低くなります。また，「話すこと」に関する活動を評価する上で最も難しい点は，実施するのに多大な時間を要し，実用性（practicality）に欠けることです（Hughes, 2008）。しかし，Rubric を用いると全員が同じ基準で評価することができるので，生徒同士の相互評価も可能になります。これまで時間的制約等により行うことが難しかったスピーキングテストも普段の授業からグループ内テストとしても実施しやすくなります。

▶ 生徒の自己評価に使用する

　生徒同士による相互評価や教師による他己評価だけでなく，生徒自身の自己評価としても Rubric は活用できます。そのため，生徒が自らの学習を振り返るための道具として利用することができるばかりか，将来を見据えて取り組もうとする自律的学習者へ導くこともできます。
　英語は実技として生徒のパフォーマンスを評価する必要性があると述べているように（小林, 2014），このような方法を用いて生徒を多角的に評価することは実用性も高く，有効な方法の1つであると言えます。

▶ パフォーマンステストに応じた Rubric を作成する

　目の前の生徒の実態に応じたタスクを設定し，そのタスクの延長線上にパフォーマンステストを位置づけます。スピーキングテストにおける Rubric を作成する際には，まず学習指導要領で示されている「話す力」の目標から評価項目（Rubric の縦軸の能力記述文）を抽出します。そして生徒の英語力に応じた評価規準（Rubric の横軸）を設定します。

　例：「積極的にコミュニケーションを図ろうとする態度」から「メモやノートを見ないでアイコンタクトをして話している」「考えや意図を伝える」から「感想や自分の意見，その理由を主張している」「言語材料」から「現在完了形を適切に使って話をしている」などです。このように1つの活動で測ることのできる項目数を3〜4個程度にすると，評価しやすくなります。

　Rubric による生徒の自己評価や相互評価の質を向上させるためには，評価規準に具体的な数値を取り入れたり，生徒がイメージしやすい具体的な行動例を提示したりする工夫が重要です。

▶ PDCA サイクル（Plan-Do-Check-Act サイクル）

　Rubric の作成・活用を繰り返すことは，授業の PDCA サイクルを回していくことになります。指導と評価の一体化を実現するために，Rubric を常に改善していくことが大切です。

▶ Rubric の使用手順

　単元の導入時に目標を説明→様々なタスク活動を実施→ Rubric を配布して評価基準を説明→単元のまとめにパフォーマンステストを実施→ Rubric を用いて評価→結果を見て自分の達成状況を把握→振り返らせて課題を発見させる→教師からの Rubric に基づいたフィードバック→ Rubric を改善→別のパフォーマンステストで使用。

Rubric 例 1 : インタビュー

	評価規準	A Excellent	B Good	C Limited	D Poor
思考力	メモを見ないで質問することができる。	メモを見ずに，アイコンタクトをとりながら相手に伝えようとした。 (　　)	メモをたまに見ることはあるが，アイコンタクトをとりながら相手に伝えようとした。 (　　)	メモを読み上げていたが，自然な会話をしようとした。 (　　)	沈黙し，質問することができなかった。 (　　)
判断力	相手の発話に対して，適切に対応することができる。	相手の答えに対して，追加して関連する質問をその場で判断して聞くことができた。 (　　)	相手の言っていることが分からない場合は聞き返したり，意味を確認したりすることができた。 (　　)	相手の言っていることが分からない場合も意味を確認することはできなかったが，相づちをうったりはしていた。 (　　)	相づちをうったりすることがなく，パートナーの話を理解しようとしなかった。 (　　)
表現力	発音やイントネーションを注意して，話すことができる。	英語らしい発音やイントネーションを常に意識して正しく英語を話すことができた。 (　　)	少しの間違いはあるものの，英語らしい発音やイントネーションを意識して英語を話すことができた。 (　　)	間違いはあるものの，英語らしい発音やイントネーションを少しは意識して英語を話していた。 (　　)	英語らしい発音やイントネーションをあまり意識せず英語を話していた。 (　　)

Rubric例2：インタビュー

	評価規準	A Excellent	B Good	C Limited	D Poor
思考力	質問に対する相手の返答を，理解することができる。	自分の質問に対する相手の返答をほぼ理解することができた （　　）	相手の返答を7割くらい理解することができた。 （　　）	相手の返答を少しだけ理解することができた。 （　　）	相手の返答を全く理解することができなかった。 （　　）
判断力	言語材料（be動詞と一般動詞と三人称単数現在形）を適切に選択して，質問することができる。	be動詞と一般動詞と三人称単数現在形を適切に選択して10文以上質問することができた。 （　　）	be動詞と一般動詞と三人称単数現在形を適切に選択して6文以上質問することができた。 （　　）	be動詞と一般動詞と三人称単数現在形を適切に選択して3文程度は質問することができた。 （　　）	be動詞と一般動詞と三人称単数現在形を適切に選択して質問することができなかった。 （　　）
表現力	言語材料（be動詞と一般動詞と三人称単数現在形）を適切に用いて，答えることができる。	be動詞と一般動詞と三人称単数現在形を適切に用いて10文以上答えることができた。 （　　）	be動詞と一般動詞と三人称単数現在形を適切に用いて6文以上答えることができた。 （　　）	be動詞と一般動詞と三人称単数現在形を適切に用いて3文程度は答えることができた。 （　　）	be動詞と一般動詞と三人称単数現在形を用いた英文に適切に答えることができなかった。 （　　）

Rubric 例3:サマリー

評価規準	Great 2点	Good 1点	Limited 0点
Attitude toward Communication	・メモをほとんど見ずに,自分の言葉で話すことができた。 ・声の大きさや話すスピードなど,聞き手が理解しやすいように気を付けて話すことができた。 (　　)	たまにメモを見ることはあっても,聞き手とアイコンタクトをとりながら説明することができた。 (　　)	ほとんど原稿を読んでいた。 (　　)
Communication Skills	・聞き手が理解できるような簡単な表現を用いて話すことができた。 ・聞き手が理解しているかを確認し,別の表現に言い換えることや,補足説明をすることができた。 (　　)	英語(単語や文法)が難しすぎたりせず,聞き手が理解できるような英語を話すことができた。 (　　)	声も小さく,話している英語がほとんど聞き手に伝わらなかった。 (　　)
Creativity and Originality	・自分の知っている情報や調べた情報を教科書の内容に追加して説明することができた(現在完了形を用いた)。 ・さらに,自分の意見や感想も言うことができた。 (　　)	・自分の知っている情報や調べた情報を教科書の内容に追加して説明することができた。 ・あるいは,自分の意見や感想を述べることができた。 (　　)	教科書の内容のみ話していた。 (　　)

Rubric 例4：ポスタープレゼンテーション

Criteria	Great	Good	Limited
Communication Skills	I was able to get the audience involved throughout the presentation using questions and our materials and paraphrase them to simple English for listeners. (　　)	· I was able to make a presentation without reading any materials. · I was able to speak in an appropriate voice. (　　)	· I mostly read my script. · My voice was not enough for listeners. (　　)
Visual aids	· I was able to use visual aids such as pictures, graphs, and tables. · My poster was colorful and beautiful, so it was easy for audience to catch the information. (　　)	· I used posters and materials with both words and pictures. · It was relatively easy for audience to catch the information. (　　)	My poster was full of words and it was not effective. (　　)
Creativity and Originality	I used a combination of original ideas and researched sources in my presentation. (　　)	I had some original ideas but most points came from sources. (　　)	My ideas were simple and did not offer any new perspective. (　　)

11 授業の振り返りは付箋で可視化する

> 授業観察者:「先程はありがとうございました」授業者:「フィードバックを頂けないでしょうか」授業観察者:「本当に素晴らしい授業でした」このように授業観察の後に授業についての意見交換をせずに簡単な挨拶だけで終わってしまっては,非常にもったいないと思います。

▶研究協議するまでが授業観察

「家に帰るまでが遠足です」このような言い回しを聞いたことがあると思います。解散して終わりではなく,自宅に帰るまで気を抜かないようにという思いを込めて私は伝えています。授業でも同じです。授業観察後には,必ず意見交換をする場を設けます。研究協議とまではいかなくても,情報交換する時間は必要です。そこも含めて行うことが授業観察です。授業者としての視点と観察者の視点は全く違います。授業の達人であれ,ビギナーであれ,教師同士が振り返る時間はお互いの授業力を向上させてくれます。

▶授業観察の視点

東京都教職員研修センターが「授業力の6要素」に基づいて作成された授業力診断シートを活用すると,観察するポイントがより焦点化されます。27個ものポイントが書かれていますが,最初は自分の課題から考えていくつか抜粋して利用することをお勧めします。

授業力の6要素とは,①使命感・熱意・感性,②児童・生徒理解,③統率力,④指導技術,⑤教材解釈・教材開発,⑥「指導と評価の計画」の作成・改善のことを指しています。ここでは,参考までに私が特に大切だと考えている14個のポイントを載せておきます。

▶ 付箋を活用した振り返り

　授業後の研究協議では，3色に色分けされた付箋を使用します。青：よい点，赤：見直した方がよい点，黄：具体的改善策。観察者は簡潔に大きな文字で「授業力の6要素」に照らし合わせて項目ごとに記入します。

▶ 付箋を貼り付けて焦点化させる

　あらかじめA3サイズの用紙に「授業力の6要素」を書いておき，項目ごとに分類して付箋を貼り付けます。研究協議参加者が多い時は，ホワイトボードなどに直接「授業力の6要素」を板書し，付箋を貼り付けます。

▶ 授業者からの自評

　まず，今日のポイントについて話をします。導入，展開，まとめの流れに沿って簡単に説明し，授業の目標が達成できたかどうか，できなかったとしたらどこが課題かどうかを自己分析します。

▶ 観察者からのコメント

　付箋を3色使用するということは，黄色の付箋で改善点を伝えることが前提になるので，そのような視点で授業観察をすることになります。これまで面と向かって言うことが難しかった改善点も伝えやすくなります。

▶ アイデアの共有化

　研究協議で議論した内容は簡単な議事録をとるなどして他の教師と共有する体制が大切です。参加された方だけでなく，各学校に持ち帰り，教科内で共有すると授業改善に繋がります。

（4：当てはまる　3：だいたい当てはまる　2：あまり当てはまらない　1：当てはまらない）

授業力の6要素	授業観察のポイント	
使命感 熱意 感性	どのような力を身に付けさせたいのか，明確な目的をもっている。	
	適切な学習環境を用意し，学習活動を喚起させている。	
児童・生徒理解	生徒一人一人の学習意欲・学習状況を把握している。	
	生徒一人一人の学習状況等を基に，単元の目標を立てている。	
統率力	授業規律（始業・終業時刻，挨拶等）や基本的な学習のルール（発言等）を定着させている。	
	的確な指示や説明を行い，集団を動かしている。	
指導技術	授業の始めに生徒に対し学習のねらいを明確に示すことで，学習の見通しをもたせている。	
	生徒一人一人に言葉を掛けるなど，個に応じた指導を行っている。	
	生徒の学習意欲を引き出し，主体的な学習を促している。	
	具体的なフィードバックをし，改善点を伝えている。	
教材解釈 教材開発	学習のねらいを理解し，単元ごとの重点内容や留意事項を踏まえながら教材解釈や教材開発をしている。	
	興味・関心を引き出す教材解釈や教材開発をしている。	
「指導と評価の計画」の作成・改善	学習のねらいに対する評価の観点と場面・方法を設定した評価計画を立てている。	
	評価計画に基づき，生徒の学習の達成状況を評価している。	

※本シートは「学力向上を図るための指導に関する研究－『授業力』向上のためのOJTシステムの開発－」（東京都教職員研修センター平成18年3月）における「自己診断シート」を基に，授業力向上課で作成したものを更に改訂したものです。

授業観察シート

コラム

ペア・グループ学習がうまくいかない時の打開策

原因
① 話したくない＝（人間関係）
② やってもやらなくてもよいと感じ，話す必要性を感じていない。
③ 教師の指示が理解できず，何をしたらいいのかが分からない。
④ 話すテーマに関する知識がなく，何を話したらいいのか分からない。
⑤ 理解できてもどのように英語で表現したらいいのか分からない。
⑥ 話すのが苦手な生徒は聞き役になるなど，話す量のバランスがとれない。
⑦ ゴールや役割分担などが不明瞭で，特定の友達とのみ話をしてしまう。
⑧ 教師のモニタリングが行き届いていない。

打開策
① 生徒同士の人間関係が問題である場合は，ペアやグループメンバーの変更を検討します。座席は固定して生徒の学習レベルや人間関係を考慮して教師が組み合わせを考えるパターン，ある程度生徒と教師の良好な関係が築かれている状態であれば，生徒同士相談して自由にペアを組ませて座らせるパターンもあります。もちろん自由の裏には連帯責任がついています。
② 友達と協力しないと達成できないインフォメーションギャップを与えます。
③ 指示は短く明確に，写真やハンドアウトを用いたり，生徒にデモンストレーションをしてもらい，視覚的にも理解できるように工夫をします。
④ スキーマを活性化させるために関連する写真や質問を用意します。ブレインストーミングし，ペアやグループでアイデアを共有させます。
⑤ 使える英語表現の例をハンドアウトに載せます。タスクに応じてスモールステップを踏み，事前練習や intake の時間をしっかりとります。
⑥ 時間や発言数の交代制を取り入れます。話をする時は消しゴムを持ち，相手にパスして話し手を可視化させ意識させます。
⑦ Rubric を用いてやることを明確化し，連帯責任にさせます。
⑧ テンポよくグループをチェックし，その都度フィードバックします。

Chapter 3

アクティブ・ラーニングが成功する 場面別活動アイデア

! この章では，6つのカテゴリーに分けた計50のアクティブ・ラーニングが成功する場面別活動アイデアを紹介しています。

授業開き・振り返りの場面　　ウォームアップの場面
発音・語彙指導の場面　　　　教科書本文の内容理解・音読・読解の場面
文法指導の場面　　　　　　　自己表現活動の場面

! 活動アイデアのアイコンは以下の内容で表示しています。

（例）4技能：Speaking◎ Writing◎ Reading△ Listening○

◎：特に使われる　　○：時々使われる　　△：少しだけ使われる

授業開き・振り返りの場面

1　英語の授業目標を生徒と一緒に考える

4技能：Speaking◎ Writing◎ Reading△ Listening○　時間：50分
形態：ペア，グループ，一斉

　英語の授業でのクラス目標を生徒と一緒に考える活動です。最初のオリエンテーションで，シラバスや手引きを用いて授業の目標やルールなどについて生徒に伝えることが一般的ですが，生徒はすぐに忘れてしまいがちです。せっかく時間をかけてクラス目標を考えたにもかかわらず，意識されることのないまま忘れ去られてしまう場合も少なくはありません。

Think - Pair - Share

　協働学習の分野で推奨されているThink - Pair - Share活動（Lyman, 1981）に沿って，生徒と一緒にクラス目標を考える方法を紹介します。最初に各自で考える時間を作り，考えたアイデアをペアワークで共有して考えを膨らませ，全体で共有するという流れです。

Step1　身近なテーマ「去年のクラス目標」に関する質問　　（5分）

　T：What is a motto? Do you remember your class motto from last year? Can you explain it in English? Write it on the sheet.

　いきなり「授業でのクラス目標を考えましょう」と指示をしても，アイデアはなかなか浮かびにくいと思います。まずは，ウォームアップに去年のホームルームでのクラス目標を英語で書かせることから始めます。

　T：Work with a partner to answer the questions in English.
個人で取り組むことが難しい場合は，ペアで協力して取り組ませます。去年と同じクラスの生徒もいれば他のクラスの生徒もいるので，各クラスの目標を共有する時に初めて知った生徒もいて，盛り上がります。また，英語で表現することで，ライティング力の育成もねらっています。

Step2　生徒自身についての「座右の銘」を書く　　　　（5分）

T：Do you have a motto or favorite words? What are they? What do your favorite words mean?

　生徒自身の「座右の銘」を英語で表現するライティング個人活動です。教師自身の例も紹介すると，書き方の参考例文になります。あるいは事前にALTにインタビューしておき，その内容を紹介すると，生徒の興味関心を更に引きつけることができます。

　ALTにインタビューした例：

Anita answered the questions with her favorite words; you can use her answers as an example.

1. What is a motto?
   I think a motto is words to live by.
2. Do you have a motto or favorite words? What are they?
   I do have a motto. My motto is, "No reserves. No retreats. No regrets."
3. What do your favorite words mean?
   My favorite words mean: give everything you have, don't give up, and don't worry about the past.

Step3　ペアで共有する　　　　（3分）

T：Work with a partner to share your own ideas.

座右の銘の言葉の意味や，その言葉が好きな理由も書かせておくと，ペアで共有する時に理解しやすくなります。紙に書かせた座右の銘をペアに見せながら紹介させると，文字情報が理解の手助けになります。

Step4　グループで共有する　　　　（10分）

T：Share your favorite words/motto with your group.

友達同士の座右の銘を聞くことで，様々な言葉の表現に触れる機会になります。

Step5　「英語の授業目標」に置き換えて個人で考える　　　　（5分）

　同じ手順でまずは個人で考えてアイデアを書かせます。教師がどのような

授業を生徒と一緒に作っていきたいかなどの想いを簡単に伝えておくと，アイデアが出やすいかもしれません。生徒の実態に応じて，考えるきっかけにキーワードをいくつか板書しておく方法もあります。ただし，指導上の留意点として教師がキーワードやアイデアを出しすぎてしまうと生徒の独創的な表現が生まれなくなってしまうので，注意が必要です。

Step6　ペアで共有する　　　　　　　　　　　　　　　　（2分）

　Step2を参考に，同様の手順で共有させます。

Step7　グループで共有する　　　　　　　　　　　　　　（10分）

　T：Share your ideas with your group and choose one you would like to have as our English class goal. You can use the sentences to help you:

- My English class goal is…
- I like the words…
- I think we should use […] words for our class.
- This means…
- The way I learn the best is…

グループで共有する時に，コミュニケーションで使える英語表現をいくつか紹介しておくと，英語でディスカッションすることもできます。

Step8　クラス全体で共有する　　　　　　　　　　　　　（10分）

　T：When you have picked your group's favorite words, write them on the board and the class will choose one to be the class goal.

それぞれのグループで選ばれたクラス目標を板書させて，その中からベスト目標を全員で選びます。授業目標が決定したら，英語の授業ノートの最初の1ページに目標を書かせて活動は終了です。

　最後に実際に出たアイデア例を紹介します。

SEBAS（私のニックネームです）：<u>S</u>peak English! <u>B</u>reak out your shell! <u>A</u>ct out different roles! <u>S</u>tretch a helping hand!

　一緒に作った授業目標は思い入れも格別なので，意識して取り組みます。

授業開き・振り返りの場面

2 夏休み明けのウォームアップ活動

4技能：Speaking◎ Writing○ Reading△ Listening◎　時間：50分
形態：グループ
準備物：夏を表す写真とキーワードが書かれたカード，模造紙

　夏休み明けのウォームアップに最適な簡単に取り組めるグループワークを紹介します。

Step1　テーマ決めとグループ分け　　　　　　　　　　（5分）

　夏休み期間中に生徒が体験したであろう物事を表したキーワードや絵をあらかじめ用意しておきます。例：食べ物グループ（スイカ，カキ氷，アイスクリーム，冷やし中華，流しそうめん等），アウトドアグループ（BBQ，キャンプ，釣り等），水泳グループ（海水浴，プール，日焼け，水着等），お祭りグループ（浴衣，納涼船，お祭り，花火大会），マリンスポーツグループ（サーフィン，シュノーケリング，スキューバーダイビング等），旅行グループ（家族旅行，海外短期留学，ホームステイ等），部活動グループ，家でまったりグループ，買い物グループ，遊園地グループ，その他グループの10種類程度用意します。生徒にこの中から1つ選ばせて，4人程度で構成されたグループを作らせます。

Step2　グループディスカッションと発表　　　　　　　（45分）

　グループごとに模造紙を配布して夏休み中の思い出や体験談を簡単にまとめさせます。模造紙には英語でキーワードや短い紹介文だけを書くように指示します。同じような体験をしたメンバーが集まっているので表面上の話し合いではなく，深い話し合いができます。

　グループごとに黒板に模造紙を貼らせて，話し合ったテーマについて2分程度で発表させます。発表形式はグループ全員を黒板の前に来させ，1人ずつ短くてもいいので必ず話し合った内容を英語で伝えさせるようにします。

授業開き・振り返りの場面

3 長期休業明けに使える Do you know your neighbor?

4技能：Speaking◎ Writing◎ Reading△ Listening◎ 時間：45分
形態：個人，ペア，一斉 準備物：タスクシート

　長期休業明けの授業開きで行うのに最適な活動を紹介します。友達同士で夏休みや冬休みなどの期間中にどこに行って何をしてきたかを英語で情報収集させます。更に個別に教師と生徒と一対一でスピーキングテストも行い，エッセイまで書かせてしまう一石三鳥の活動です。

Step1　ウォームアップ　　　　　　　　　　　　　　（2分）

　教師がテーマとなる質問を生徒全員に向かって投げかけます。
T：Did you enjoy your summer vacation? Where did you go? Who did you go with? How was it?　等。

Step2　ペアで練習　　　　　　　　　　　　　　　　（3分）

　今度はペアで同様の質疑応答を行います。ただし，教師が先に見せた質問例に追加して質問をすることを付け加えます。また，相手の応答に対しても追加質問をすることをルールとします。例えば，ペアの相手が遊園地に行ったと答えたら，S：What kinds of attractions do you like the best? Why do you like them? How many attractions did you ride?
のように，深く掘り下げて話を広げさせます。

Step3　活動のルール説明　　　　　　　　　　　　　（3分）

　ハンドアウトを配って，活動手順を説明します。
T：You have to find a person who did these things during the summer vacation. スローラーナーへの支援として，追加する質問文の作成を全体で事前に確認して練習すると，全員が参加できる活動になります。例えば，T：Take a look at No.3. You have to find someone who went to the cinema. So, how do you ask?
S：What film did you watch?

T：Ok, repeat. What film did you watch?
SS：What film did you watch?

Step4　デモンストレーション　　　　　　　　　（2分）

　生徒を2人立たせて，その場で1つ質問を選び，デモンストレーションをしてもういます。他の生徒は実際の活動方法を目で見て確かめることができるので，全員が参加できるようになります。

Step5　Do the game　　　　　　　　　　　　（15分）

　生徒は自由に歩き回り，インタビューを開始し，聞き取った情報をメモします。この後にその内容に関する質問を個別に教師が行うことを伝えておくと，忘れずにきちんとメモを取るようになります。

例：1. went to a theme park　2. went to a summer festival
　　3. went to the cinema　4. saw fireworks　5. read a good book

Step6　Do the speaking test　　　　　　（1人30秒程度）

T：When you have finished talking, please come to me. I ask you to share what your partner's experiences were. EX：T：Take a look at No.(5). How did you ask? Who read a good book? What did he/she read? What did he/she say about the book? Were you surprised by any of the answers?

　どの項目について教師が質問するかは生徒が目の前に来た時にその場で伝えるので，生徒は全ての質問事項に真剣に取り組むようになります。

Step7　Essay Writing　　　　　　　　　　　（20分）

T：While you are waiting, you have to write an essay about your own experience this summer.　この方法であれば，個別にスピーキングもライティングも同時展開することができ，非常に効率的です。

授業開き・振り返りの場面

4　授業の振り返りを行う Exit Card

4技能：Speaking○ Writing◎ Reading△ Listening○　時間：5分
形態：個人，ペア　準備物：Exit Card

　教師自身が授業を振り返り，授業力を高めることは大切です。学期ごとの授業アンケートだけでなく毎回の授業の振り返りカードを活用すると，その都度生徒の理解度が確認でき，授業改善に役立ちます。

Step1　Exit Card　　　　　　　　　　　　　　　　　　　（5分）

　授業の最後の5分間に振り返りの時間を設けます。導入した最初の頃はあまりコメントがありませんでしたが，毎時間実施するにつれて生徒も慣れてきました。アンケートでの生徒のコメントの中には「この振り返りの時間があるおかげで自分が何を学んだのか毎時間意識することができました」，「Exit Card を書く時間が毎回あるので，集中して授業に取り組みました」といったポジティブな意見が多くありました。書かせた後に，ペアでお互いに紹介するパターンもあります。自分が疑問に思っていたことが，友達も同じように感じていると分かり，安心するみたいです。最初から英語で書かせることが難しい場合は，日本語で書かせてもよいと思います。

T：Before you leave class, please fill out our "exit card". One thing you liked learning about today. One question you have about something we learned. One thing about ～ you would like to learn in the future.

Exit card
Write one thing you have learnd today?
Write one question you still have?
Write one thing you would like to learn?

ウォームアップの場面

5 YouTube や小道具を使った異文化体験のジグソー活動

4技能：Speaking◎ Writing△ Reading○ Listening◎ 時間：30分
形態：グループ，一斉
準備物：YouTube 動画，地図，ジグソーパズル用の小道具

　異文化や自国の文化について学習する時に役立つ導入の方法を紹介します。ビデオや写真などの視聴覚情報とあわせて学ぶと効果的です。

Step1　Commercial Message　　　　　　　　　　　　　(15分)

　異文化について学習する時に，役に立つのが YouTube です。その国で実際に放送されていた CM を視聴させると，人気のある商品が簡単に分かるだけでなく，人物の髪型や服装からもその地域の情報を得ることができます。また，映像の背景にはその国の文化を表している場所で撮影していることが多いので，「CM 中にどのような場所が見えましたか？」など簡単な質問を通して，その国を理解させることができます。クイズ形式にし，解答をノートなどに書かせて最後に答え合わせをする方法も考えられます。

　日本文化を紹介する場合の CM 例：日本茶（日本庭園，畳，着物），京都旅行（寺，仏像，舞子），お正月（お節料理，年賀状，獅子舞），お寿司（醤油，お箸）など。

Step2　ジグソーアクティビティ　　　　　　　　　　　　(15分)

　ジグソーパズルのピースをはめていくように，写真と文字をマッチングさせる活動です。日本地図が描かれた紙 1 枚と都市名，観光地名が書かれた小さな紙きれ数枚をグループごとに配布します。制限時間内に日本地図の正しい場所に紙きれ（都市名や観光地名）を置くように指示します。

　日本の場合であれば問題ありませんが，外国など背景知識があまりない場合は難しすぎてしまうので，活動の前に簡単なオーラルイントロダクションを通して情報を input させておくと，スムーズに活動させることができます。

ウォームアップの場面

6 全員の意識を向けさせるウォームアップ活動

> 4技能：Speaking◎ Writing△ Reading◎ Listening◎ 時間：5〜10分
> 形態：ペア，一斉

　ウォームアップクイズに生徒全員の意識を向けさせる工夫を紹介します。生徒全員立たせ，教師が英語で質問し，一番早く答えが分かった生徒は手を挙げて答え，正解であれば座れます。教科書を見てもOKにすると，必死で読み始めます。生徒数が多い場合は，次のような方法で行うと，テンポよく飽きさせずに活動できます。

Same number　　　　　　　　　　　　　　　　　　　　　　　（1分）

　正解者の出席番号と同じ1桁目の数字の出席番号の生徒も座れるようにします。例えば，正解した生徒の出席番号が2番であれば，12番，22番，32番も座ってOKにします。他にも正解者の好きな数字をその場で言ってもらい，正解者の好きな数字と同じ1桁目の数字の出席番号の生徒は座れます。

Same club　　　　　　　　　　　　　　　　　　　　　　　　（1分）

　正解者の所属している部活動名をその場で言ってもらい，正解者と同じ部活に所属している生徒は座れます。

Same answer　　　　　　　　　　　　　　　　　　　　　　（1分）

　正解が出て，次の質問をする前に，その正解者に関する簡単な質問を全体に向けてもう1つし，その質問に正解した別の生徒も座れます。

　別の質問例：
T：Do you know what his/her favorite food is?
S2：Curry and rice.　S1：Yes!
T：Both of you can sit down.

　ペアを組ませ，片方が立って口頭で解答させ，もう片方は座ったままノートに解答を書かせます。全てのクイズが終了したら，解答をスライドに映し出し，ライティングの答え合わせもする方法もあります。

> ウォームアップの場面

7 授業の開始はQでスタート―スピーキング編

> 4技能:Speaking◎ Writing△ Reading△ Listening◎ 時間:20分
> 形態:ペア,グループ,一斉

　授業の最初から生徒を引き込むためには,生徒の興味関心を集めなければいけません。そのための一手法として,授業で扱うテーマに関するOpen Ended Questionでいろいろなアイデアを全員で共有します。

Step1 いきなり質問で開始する　　　　　　　　　　　　　(10分)

　授業開始のチャイムが鳴ったと同時にT:What do you think about ~ ? Talk to your partner.と指示をします。授業開始と同時に生徒同士で意見を出し合わせることで,英語を話す雰囲気ができ,最初から活気溢れる授業になります。

例:トピックが「仕事」についての場合

What do you think about the important skills to get the job?
・initiative ・organization ・communication ・English
・confidence ・appreciation ・respect ・knowledge ・ability

Step2 カテゴリー分け　　　　　　　　　　　　　　　　(10分)

　生徒から出された意見は全てほめながら板書します。次に,関連性のあるものを同じグループにまとめさせます。更に,それぞれのグループの内容を簡潔に表す見出しを付けさせます。

Skill　　　　[・English　・knowledge　・ability]
Experience　[・confidence　・communication]
Planning　　[・organization　・initiative]
Attribute　 [・appreciation　・respect]

ウォームアップの場面

8 授業の開始はQでスタート―ライティング編

4技能：Speaking◎ Writing◎ Reading△ Listening◎ 時間：10分
形態：グループ，一斉 準備物：A3サイズの用紙

　前のページの「授業の開始はQでスタート―スピーキング編」の続きです。いきなり口頭で意見を出し合うことが難しい場合は，4人グループを作らせて，A3サイズの紙を活用してアイデアを書かせる方法もあります。

　オープンすぎる質問ではなかなかアイデアが出にくい場合は，少しだけ教師が誘導するようなキーワードを板書して，カテゴリー分けされたアイデアシートに書かせるなどの工夫をすると取り組みやすくなります。

いきなりA3の紙にアイデアを書かせる (10分)

　黒板に質問を板書しておき，「Think about the question. Work in groups of four.」と言います。トピック例が"documentary"だった場合，「ドキュメンタリーとは何でしょうか？」と質問するより，「ドキュメンタリーについて3つのカテゴリーに分けました。それぞれのカテゴリーごとに考えて意見を書きましょう」と板書します。以下に手順を示します。A3の用紙を配布し，Yの字を書かせて3分割させます。カテゴリー分けされた部分に「See」，「Ear」，「Feel」と書き，生徒のアイデアが同じ方向にまとまって出るようにヒントを与えます。この書く活動は，最初からカテゴリー分けされてあり，グループでゆっくり落ちついて考えることができるので，トピックに関する背景知識をできるだけたくさん書かせることが可能になります。

例：See 　・unscripted 　・interesting visual
　　Ear 　・voiceover 　・interviews 　・music
　　Feel 　・build relationship with people
　　　　　・informed 　・interested

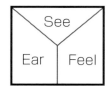

ウォームアップの場面

9 生徒によるオーラルクイズとオーラルインタラクション活動

4技能：Speaking◎ Writing△ Reading◎ Listening◎ 時間：20分～
形態：個人，ペア，グループ

教科書を使ったオーラルクイズです。絵を見て本文に関連した質問を生徒が即興で作り，ペアで質疑応答を繰り返しながら内容を把握する活動です。

Step1 質問数限定制　　　　　　　　　　　　　　　　（1～2分）

まず生徒全員を立たせ，本文に関連のある絵を見せます。2人1組のペアを作り，「じゃんけんして，負けた生徒が絵を見て本文に関連する質問を英語で5つしてみよう」，「勝った生徒はその質問に答えよう」と指示をします。質問の数を決めておき，終われば座ってOKとしておくと，テンポよく質疑応答を繰り返すことができます。

Step2 各問交代制　　　　　　　　　　　　　　　　　（1～2分）

「1問ずつ役割を交代しながら質問と応答をしよう」，「じゃんけんして，負けた生徒から先に絵を見て本文に関連する質問をし，勝った生徒はその後に質問しよう」と指示をします。5問であれば，負けた生徒は3問質問し，2問答えます。勝った生徒は2問質問し，3問答えることになります。「同じ質問をしてはいけません」と最初に伝えておく必要があります。

Step3 制限時間制　　　　　　　　　　　　　　　　　　（2分）

制限時間を決め，時間がきたら役割を交代する方法です。「最初の1分間はじゃんけんして，負けた生徒から先に絵を見て本文に関連する質問をし，勝った生徒はその後に質問しよう」，「どちらのほうがたくさん質問できるかペアで勝負してみよう，1問につき1ポイントです」と指示をします。「最初に質問をする生徒の質問を真似してもOKだけど，その場合は1問につき0.5ポイントです」とルールを伝えます。友達の質問文を真似ようと，質問文を集中して聴くようにもなります。

Step4　5W1HからOpen Ended Questionまで　　（10分～）

　本文を使ってリーディングの力も伸ばすオーラルクイズの方法を紹介します。「本文を読み，内容に関する質問を考えよう」，「必ずWhen, Where, Who, What, Why, HowとOpen Ended Questionを含めること」と指示をします。それだけでも生徒は意味内容を把握しようと本文を主体的に読むようになります。この条件をクリアするためには本文を何度も読み，十分に理解していないと全ての質問文を作ることは難しいからです。このように本文を何度も読ませる仕掛けを作ることがポイントです。

●指導上の留意点

　Step1～4はスモールステップの原理で比較的取り組みやすい活動からチャレンジングな活動までを紹介しました。それでも生徒1人で質問を作成することが困難な場合や簡単な質問ばかりしか出ない時には，「ペアで協力して質問を考え，その後に別のペアと4人組を作って質疑応答しよう」と指示をします。2人のアイデアを別のペアに伝えることで，教え合い，学び合いが生まれやすくなります。また，生徒は言いたいことが英語で言えない時に，すぐに日本語に頼ってしまいがちです。「Could you say that again? Excuse me, what page are we on? I think it's… Yes, that's right. Let's skip it. I've no idea.」等のUseful expressionsを先に導入してから活動に入ると英語で会話を進めることが容易になります。

Step5　生徒がオーラルインタラクションをする　　（4分～）

　これらの活動はいきなり生徒にさせるのではなく，教師のオーラルインタラクションを前時の授業で見せておくと，生徒が質問を作る時に役立ちます。生徒にあらかじめ次回の授業でペアでのオーラルクイズをすることを伝えておくと，教師のオーラルインタラクションをより積極的に聴く姿勢ができます。

　また，このような質疑応答を繰り返し，簡単な表現で説明することも加えさせると，ウォームアップの場面で復習として生徒に簡単なオーラルインタラクションさせることも可能になります。慣れるまでは，原稿を書かせて準備させると，比較的取り組みやすくなります。

ウォームアップの場面

10　1 minute chat

4技能：Speaking◎ Writing○ Reading△ Listening◎　時間：1分～
形態：ペア，一斉

　授業のウォームアップや毎時間の帯活動に使える「1分間スピーキング活動」を紹介します。明日からすぐにでも使えそうなアイデアですが，ポイントを押さえて指導しないと効果は半減します。

●指導上の留意点①フィードバック

　ウォームアップに生徒同士で1分間何か1つのテーマに沿って英語で話をするスピーキング活動を取り入れている教師は多いと思います。最も気を付けなければいけないことは，やらせっぱなしで終わるのではなく必ずフィードバックをすることです。表面上は活発に会話をしているように見える活動ですが，英語の授業の雰囲気作りのために適当に話をさせているだけでは生徒の英語力の向上はあまり期待できません。

フィードバックの方法1：発表後に口頭でアドバイス

　ペアでの練習後，一組だけ全体に向けて発表させてその後に音声面，内容面，文法面，会話を続かせるテクニックなど具体的に改善点を伝えます。

フィードバックの方法2：発表中に口頭でアドバイス

　ペアでの練習後，一組だけ全体に向けて発表させます。その最中に改善点が見つかれば会話を止めます。ただし，このフリーズコーチングの手法は会話の流れを止めてしまうので注意が必要です。ペアでの会話が続かず，言葉が出てこない場合は一度ストップし，「今何を言おうと考えている？」と質問し，手を差し伸べます。生徒が今言いたい表現をタイムリーにその場で伝えてすぐに使わせることが目的だからです。このような場合でなければ基本的に会話は止めずに発表後にコメントします。

フィードバックの方法3：発表後に添削してアドバイス

　生徒一人ひとりにフィードバックをする場合は口頭だけではなく，書かせ

て回収したものを添削して返却する方法も行います。話したことを落ち着いて考えながら書くことで，話す力や聞く力だけでなく，自分が言いたかったことをもう一度再考する機会にもなり，表現力もつきます。提出前にペアやグループで読み回しさせると，ピアチェックの練習になり，自分で誤りを訂正する力をつけることができます。

●指導上の留意点②テーマ選び

　次に気を付けるべき指導上の留意点は「テーマ」です。テーマが日本語でも意見交換するのが難しい場合や，会話するのにおもしろくもなんともないテーマであれば，盛り上がりに欠けます。最初は楽しく取り組めていても毎時間実施していると，テーマ選びが難しくなります。その日の気分で適当に決めるのではなく，ここでのウォームアップの内容がその後の展開にスムーズに繋がるようなテーマを設定すると効果的です。

　テーマの設定ですが，簡単すぎず，難しすぎず，展開に関連のあるトピックを考えましょう。例えば，その日のレッスンの題材がセラピードッグについて扱っている場合は，「ペット，家族，犬，動物，盲導犬，警察犬，パートナー」など本文に関連のあるキーワードをいくつか板書して，「そのキーワードを用いて英語で自由に会話しましょう」と指示します。

　あるいは，教師が発問して生徒にそのQを使わせてペアでスピーキング練習をさせます。「Do you know about therapy dogs?」，よりは「What do you know about therapy dogs?」の問いの方が話が広がりやすいでしょうし，「Talk about dogs such as guide dogs, therapy dogs or police dogs.」の方が，選択肢の幅も広がっているので，生徒がその中から話しやすいキーワードを自分で決めることができます。

　生徒も慣れてくるとウォームアップの内容から本時の展開まで予想するようになります。生徒に展開の内容を予想させてオーラルイントロダクションをやらせてみると面白いです。わざと全く違うストーリーを考えて説明してくれる生徒も現れます。その後は予想オーラルイントロダクションから仮想オーラルイントロダクションという名前に変更しました。

モノローグ形式

　ペアワークでのスピーキング練習ですが，会話形式ではなく，1人が一方的に話すスピーチスタイルの活動例を紹介します。

Activity1　30秒J＋1分E＋1分F　　　　　　　　　　　（5分）

　まず日本語で30秒間あるテーマに沿ったスピーチをさせ，次に1分間同じ内容を英語でスピーチさせます。ペアの相手は日本語も英語も両方聞いているので，伝えきれていなかったポイント，理解できなかった表現，改善ポイント，の3点を相手に1分間日本語でフィードバックします。ペアの役割を交代させ，同様に取り組ませます。

Activity2　単語連想ゲーム　　　　　　　　　　　　　（3分）

　例えば，テーマを「ブラジル」に決めて，キーワードを板書します。1分間に生徒はノートにテーマに関する単語を英語でできるだけたくさん書きます。Brazil・Amazon・Coffee・Fruits・Rainforest・Soccer・World Cup・Olympics・Sports・Carnival・Rio de Janeiro など

　ペアになり，1つずつ交互に書いた単語を言い合います。この後どちらかに，お互いのキーワードをヒントに1分間スピーチをしてもらいます。ブレインストーミングをし，ペアでアイデアの共有もした後なので，いきなりスピーチをさせるよりも簡単にできます。

Activity3　30秒交代1分モノローグ　　　　　　　（2分30秒）

　話し手聞き手と役割を分けてスピーチ形式で行う方法です。最初の1分間はスピーチする内容を考えます。S1が先に30秒あるテーマに沿ったスピーチをし，交代してS2が同じテーマで1分間スピーチをします。S2は後者なので，前者のスピーチの内容を真似してもOKにしますが，その分制限時間を増やし，長く話してもらいます。

ダイアローグ形式

　ペアワークでの会話形式で行うスピーキング活動を紹介します。

Activity4　キーワード 2 English　　　　　　　　　　（1分）

　生徒を立たせてペアを組ませます。「Two, Shopping」と数字とジャンルを英語で言い，生徒はその単語から連想する会話の台詞をそれぞれ1文ずつ英語で言い合います。数字の数を増やしていき，「Six, Shopping」と言うと，ペアで協力して3文ずつ言い，6文言い終えると座れるゲームです。
　S1：May I help you?　S2：I'm just looking.

Activity5　キーワード 2 Japanese　　　　　　　　　（1分）

　生徒を立たせてペアを組ませます。「2，買い物」と数字とジャンルを日本語で言い，S1はその単語から連想する会話の台詞を日本語で言い，S2がその内容を英語に訳します。次にS2が日本語で言い，S1は英語に訳します。
　S1：そのカバンどこで買ったの？　S2：Where did you buy this bag?
　S2：高かった？　S1：Was it expensive?

Activity6　Repeat after your partner　　　　　　（1分）

　ペアで口頭練習させる時に，相手が言った内容に対して主語を変えてリピートしたり，感想を付け加えたりしてなんらかの反応を相手に示す方法です。
　S1：I went fishing with my family.　S2：Oh, you went fishing with your family.　S2：That's interesting.
　この方法は，相手の意見を聞いていないと繰り返すことができないので，より集中して聞く態度をつけることに繋がります。また，主語を変えるといった単純に見えることでも，考えながら言わないと間違えてしまうので，脳内が活性化されます。話をしている生徒も相手がリピートをしてくれると，自分の話を理解してくれていると感じ，お互いに心地よく感じ，会話がはずみます。

Activity7　3R形式　　　　　　　　　　　　　　　（5分）

　1R目の最初の1分間は決まったテーマについて自由に対話させます。2R目の3分間はペアで協力して，言えなかった表現を辞書で調べたり質問したりして言えるようにする練習の時間です。3R目の1分間はもう一度同じテーマで自由に対話させます。3段階のステップを踏ませて before → after

で使えた英語量の伸びを体感させます。調べるのに時間がかかり，3分間では短いと判断した場合は，臨機応変に時間を調整します。自分で調べたり，友達と相談したりして，さっきまで言えなかった表現が今では言えるようになったと生徒自身に気づかせることを繰り返していくうちに，だんだんと自己肯定感を育むことができるようになります。

Activity8　つぶやきJE　　　　　　　　　　　　　　　（1分）

　ペアを組ませます。伝えたいメッセージを日本語で呟いてからその英訳を相手に伝えます。

　　S1：週末なにした？　What did you do last weekend?
　　S2：勉強や部活で忙しかった。　I was busy with study and clubs.
　　S1：何時間で宿題終わったの？　…. What time…take… to finish your homework?
　　S2：How long?
　　S1：How long did it take to finish your homework?

　ペアワーク時にどちらか1人が英語でどのように表現したらいいのか分からずに悩んでいても，言いたい表現を先に日本語でつぶやいているので相手も一緒にその英語表現を考えて助け合うことができます。ここでも伝えたい気持ちを刺激し，その場で伝えたいことを相手に伝えることができたといった小さな成功体験を積み重ねてあげましょう。英語表現の幅も広がり，自信もつけることができる絶好の機会になります。

Activity9　チャットシート

　チャットシートを用意してスピーキング活動後に伝え合った内容を英語で書かせ，提出させます。別枠で言えなかったことが言えるようになった「学びのコーナー」を用意しておくと，生徒がどのような表現や単語でつまずいたのか分かります。全体で共有したほうがよい点や表現や単語などを次回の授業中に紹介すると一歩ずつ着実に会話力を向上させることができます。

ウォームアップの場面

11 絵並びリスニング

4技能：Speaking◎ Writing△ Reading○ Listening◎ 時間：40分
形態：個人，ペア，グループ，一斉
準備物：本文のストーリーを表している絵や写真（段落につき2枚程度）

　教科書本文に入る前の導入で使える活動を紹介します。生徒に身に付けさせたい力は「即興的なスピーキング能力」，「思考力・判断力・表現力」，「リスニング力」です。

Step1　ストーリーの展開を予想する　　　　　　　　　　（3分）

　教科書本文は見せずに，本文の内容を表している絵や写真だけがランダムに載っているハンドアウトを配布します。最初はその絵や写真だけを見て本文のストーリーを予想させます。意図的に絵や写真はランダムに配置されているので，考えさせながらそれぞれをストーリー順になるように並べ替えさせます。

Step2　キーワードを予想して書く　　　　　　　　　　　（5分）

　それぞれの絵の下に，その絵を表現しているキーワードやキーフレーズや英文を個人で取り組ませて書かせます。後で本文を聴いたり，読んだりした時に内容的に正しかったかどうか確認する時にも使います。

Step3　ペアで交互に自分が予想したストーリーを伝え合う（5分）

　並べ替えた絵と，自分が書いたキーワードをヒントに即興で自分が想像したストーリーを英語で相手に伝えます。

Step4　生徒自身が考える活動　　　　　　　　　　　　　（5分）

　相手の話を聞いて，感想や意見，質問など何らかのコメントをさせます。自分と同じように絵を並べていたら，お互いに予想できたことを伝え合わせたり，相手の説明を聞いて疑問に思ったことや自分の考えとは違っていた時には質問させてみたりします。このように単純に言いっぱなしで終わらせるのではなく，必ずリアクションさせる時間を作り，コミュニケーションが深まるように工夫します。

Step5　グループで共有する　　　　　　　　　　　　　　　（5分）

　4人グループを作ります。ここでは，自分が予想したストーリーを話すのではなく，直前でペアが話してくれた予想ストーリーを他の2人のグループメンバーに伝えます。このように自分のストーリーではなく，先ほど聞いたペアのストーリーを話させることで，その前のペア活動にも真剣に取り組ませることができます。このようなちょっとした仕掛けで，アクティブリスナーの態度を育てます。一度聞いただけで第三者にその内容を伝えることは難しい場合もあるので，詰まった時やどのように伝えればいいのか分からなくなってしまった時のための助け船を用意させます。助け舟とは，ペアのことです。最初は何も言わずに黙って隣で聞いているだけでしたが，助けが必要な時にはその都度登場してもOKにしておくと，少しは安心して協力しながら伝えるようになります。

Step6　全体で共有する　　　　　　　　　　　　　　　　（2分）

　ウォームアップとして時間の都合に合わせて1～2組だけ教師が生徒を指名し，指名された生徒に想像したストーリーを発表してもらいます。

Step7　リスニングで確認する　　　　　　　　　　　　　（5分）

　CDを使って教科書の英文を流して確認させます。CDの英文を聴きながら自分が並べ替えた絵や写真がストーリー通りに展開されているか確認させます。もし間違えていた場合は，CDを聴きながら絵や写真を並べ替えさせます。ここでは絵や写真とリスニングのみで内容を確認させている段階なので，本文の概要を把握できることが目標です。

Step8　リーディングで確認する　　　　　　　　　　　　（10分）

　この段階で初めて教科書を開いて，内容の詳細を理解させます。生徒はリスニング活動で聴き取れなかった表現や内容を知ろうとするために夢中で本文を読みだします。このような手順を踏ませると，受け身の姿勢ではなく，自主的に学習させることができます。また，写真や絵の下に自分で書いたキーワードやキーフレーズや英文と実際の教科書の英文を比較させながら同時に語彙表現も確認させます。この活動でも，気づきを促すことができます。

ウォームアップの場面

12 語彙力，創造力，書く力をUPする作家体験

> 4技能：Speaking△ Writing◎ Reading○ Listening○　時間：20分
> 形態：ペア，一斉

　新出単語の導入や定着にフラッシュカードやワードリストを使ってパターンプラクティスで機械的に練習するだけでは，一時的に覚えていてもすぐに忘れてしまい，定着が不十分になってしまうことがあります。ここでは定着を図る方法の1つとして使用することに意識を向けた，オリジナルストーリーの作成を紹介します。

Step1　Pre Short Story Writing　　　　　　　　　　（10分）

　これは，教科書本文を読む前の書く活動として位置付けています。最初に教師が教科書本文に関連のあるキーワードを何個か提示します。そして指定された単語を全て使って1つの物語を生徒自身に作らせます。生徒が自由な発想で内容を想像して書く活動は，話すことが苦手な生徒にとっても取り組みやすく，書くという目的がはっきりしているため自分のペースで全員が参加できます。ストーリーのある英文を書くためには，文脈に応じて与えられた単語の形を変えたりしながら適切な英文になるように使い分けていくので，必然的に定着率は高くなり，生徒は意味だけでなく単語の使い方等も深く考えるようになります。バリエーションとしては，教科書の本文内容を予想して物語を書かせるパターンと，教科書の本文とは全く関係なく生徒独自のおもしろいストーリーを考えさせるパターンとあります。1人で取り組ませることが難しい場合は，ペアで協力して話し合いながら1つのストーリーを完成させる方法も考えられます。

Step2　Post Short Story Writing　　　　　　　　　（10分）

　教科書本文を読んだ後に行う書く活動を紹介します。新出単語や重要表現にアンダーラインを引かせ，どのように使われていたかを確認させます。そして個別に教科書本文中の語句や表現を使って別の新しい文章（オリジナル

ストーリー）を書かせます。教科書本文中の表現を活用できるので，生徒は「書くために主体的に読む」ようになり，やりがいをもって取り組みます。

また，他の生徒が作成したオリジナルストーリーなども（〜 is written by ○○と著者名を書いて）いくつか授業で紹介すると，主体的に何度も読み始めます。語彙や表現や構文を定着させるための仕掛けとして，友達のオリジナルストーリーを活用すると，自然と楽しみながら繰り返し別の英文を読ませることができます。Step1とStep2を比較させると，授業を通してどの程度書く力が伸びたのかを具体的に生徒に体感させることができます。

Step3　リーディングテストとして出題（p.84参照）

教科書本文中の語句や表現を使った新しい文章（オリジナルストーリー）を定期テストに出題すると，指導と学習と評価に一貫性を持たせることができます。このような問題を出題すると，生徒が教科書を丸暗記する勉強をしなくなります。

Step4　ライティングテストとして出題

Step2のPost Short Story Writingを定期テストで問うパターンです。授業で一度経験しているので，生徒は自信を持ってライティングテストに取り組みます。評価ポイントは指定された語彙を含め，流れに沿ってある程度の量の文章を書けているかを確認します。

Step5　リスニング及びライティングテストとして出題

教科書本文中の語句や表現を使った新しい文章（オリジナルストーリー）をリスニング問題として出題して聞く力と書く力を測ります。教師はあらかじめオリジナルストーリーを録音しておきます。リスニングテストでは，生徒に英文を聞かせ，理解して聞き取れた内容を要約させます。

初見の文章を読む機会が少ない生徒でも，このように，教科書の本文を編集して授業や定期テストで扱うと，4技能をバランスよく向上させることができます。生徒自身にオリジナルストーリーを作らせる活動は，ライティング活動を通して生徒の思考力・判断力・表現力を育み，個の力を最大限に伸ばせます。

Step3のリーディングテストとしての出題例

> 教科書の新出語彙抜粋例［Brazil, Brazilian, the football World Cup, the Olympics and Paralympics, Carnival in Rio de Janeiro, take place, million, Samba Parade, take part in, costume, float, theme］

　<u>Brazil</u> is famous for soccer. <u>Brazilians</u> not only like to watch <u>the football World Cup</u> but also the Olympics. <u>The Olympics and Paralympics</u> will take place in Brazil this year. <u>Millions</u> of people are looking forward to seeing the big event. Many athletes will come from around the world to <u>take part in</u> the Olympics and Paralympics.

　They have another special event which is held every year in Brazil. We call that the <u>Carnival in Rio de Janeiro</u>. We can see dancers and <u>floats</u> at the parade. Many dancers who hope to join the <u>Samba Parade</u> practice dancing and are proud of joining the parade. The carnival is based on one <u>theme</u>, so dancers wear some <u>costumes</u> which match it.

Step6　習得・活用・探究を意識した実践例

　次に，問題発見・解決を念頭に置いた深い学びの過程を実現させるための実践例を紹介します。これは教科書単元のまとめの活動として行いました。ブラジルをテーマに扱った単元だったので，リオオリンピックや東京オリンピックについて考えさせました。次の英文は実際に中学3年生の生徒が書き，ポスター発表した内容の一部分です。

　I think there will be a lot of language problems when Tokyo will host the Olympics. Visitors to Japan have increased. Its number was 20 million in 2015. More and more foreigners will visit Japan. A Japanese committee is asking for volunteers to help host

Tokyo Olympics. Some people who join the volunteer group will act as guides at stations, airports, and tourists resorts. Others will support games at the stadiums. However, there are few people who can speak English well in Japan. If we speak English more, we can tell foreigners about Japanese good points. I think Japanese people should have more opportunities to use English. The most important thing is not to avoid foreigners. The other day, I heard foreigners say, "We want our pictures to be taken together." Even though I know how to answer it I couldn't say "Shall I take your pictures?" Japanese people are shy but it is important to not only study but also use it. Therefore we have to be able to speak English.

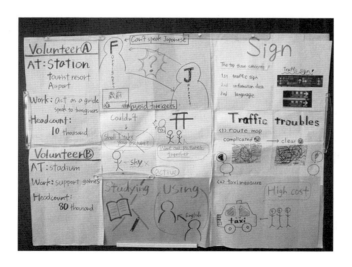

> ウォームアップの場面

13 主体的にストーリーを想像する
Picture description

> 4技能：Speaking◎ Writing◎ Reading○ Listening△ 時間：30分〜
> 形態：グループ，一斉 準備物：題材に関する絵や写真，色ペン

　教科書のテーマに沿った写真を数枚（グループ数分）用意します。教科書の挿絵か，題材に関連する絵をインターネット等から探します。その写真をA3程度の大きめの紙の中央に小さく貼り，周りはスペースを空けておきます。それを各グループに1枚配布します。私が実施したクラスの例では，生徒数は24人でしたので，4人1グループにし，6班作りました。1グループに別々の太めの色ペンを1本配布します。

Step1　ブレインストーミング　　　　　　　　　　　　　（5分）

　「その絵について英語で説明しよう」，「どんな話だと思う？ストーリーを予想してごらん」，「頭の中に浮かんだイメージや表現を友達と相談しながら絵の周りのスペースに書き込もう」と指示をします。

　指導上の留意点：「グループ内で1人1回は意見を言う，友達のアイデアを否定しない，相談の結果をまとめて最低2文以上は英語で書く，単語だけでなく文で書く，書き終えたら自分のサインを書くこと」をルールとして徹底させ，教師はファシリテーターとして机間指導します。

Step2　他のグループに質問やコメントを残す（3分×5班＝15分）

　一定の時間がきたら，絵と生徒が書いた英文の用紙をグループの机に置かせ，配布された色ペンだけ持って隣のグループの写真に移動させ，同様の手順を繰り返させます。更に，「前のグループが書き込んだ英文に一言コメントや質問を付け加えよう」と指示をします。また別の方法としては，最初から全ての絵を教室の前後の黒板や左右の壁に貼り，生徒がグループで色ペンだけを持って絵の前まで歩いていき，絵の前で相談しながら意見を書き込むパターンも可能です。そして，順番に隣の写真のところに歩いて移動し，同様の手順を繰り返していきます。

Step3 全グループのコメントに反応する　　　　　　　　（4分）

　この流れを繰り返し，6班全ての写真や英文にコメントを書き終われば，元の座席に戻り，他のグループの生徒が書いた意見を読んで，話し合うように指示をします。サイン付きのコメントや質問が12文以上書かれているので，文通をしている気分にさせることができます。友達がどのような意見を書いたのかが気になっている状態なので，積極的に読みだします。

　全部で6枚の絵があるので，1つの絵につき2文以上書くと12文以上は書くことになります。1グループ4人構成なので，1人につき3文以上書くことをルール化すると，全員に書く機会を与えることができます。

●指導上の留意点

　自分のサイン付きで英文を書かせるので，さぼろうとする生徒を防ぐのに役立ちます。各グループに配布した色ペンで英文を書いているので，色とサインを見れば誰が書いたのかが一目瞭然です。グループ内で相談する時の言語ですが，最初は日本語を用いても OK にしておくと，意見が出やすくなります。相談する時の言語は日本語でも，その意見を書き出す時は英語なので，主体的に友達同士で助け合いながら正確な英文を書こうとします。生徒のレベルに応じて，最初から英語のみでグループ相談をさせることも可能です。

Step4 全体でアイデアを共有し，理解を深める　　　　（6分）

　6枚の絵を全て黒板に貼り，1枚ずつ教師がオーラルインタラクションし，生徒の理解を深めていきます。大きな間違いなどがあれば，直接書き込んで訂正しながら生徒が書いたコメントにフィードバックしていきます。あるいは，グループの写真を一枚ずつ黒板に貼り，意見を書いた生徒にそれぞれ発表させながら，教師はコメントしていく方法もあります。

　このようにリソース（ペン，絵，紙，言語）の活用で，十分ではない英語での表現力を補うことができます。また，コミュニケーションの様子や思考の過程が文字としても可視化できることがこの活動の特徴です。

発音・語彙指導の場面

14 アクティブな単語連想クイズ

> 4技能：Speaking◎ Writing◎ Reading△ Listening△ 時間：12分
> 形態：個人，一斉 準備物：連想単語クイズ用の単語を10個

　早押しクイズ形式でテーマに関するスキーマを活性化させるアクティビティです。語彙を定着させる時に，関連性のある単語と一緒に導入すると記憶に残りやすくなります。

Step1 キーワードを読み上げる　　　　　　　　　　　　（2分）

　教師があらかじめ「正解の単語（テーマ）」を決めておきます。そのテーマに関するキーワードを1つずつ読み上げます。読み上げた単語は，黒板に書いていきます。9点の難しめの単語のヒントだけで正解が分かった生徒は9点ゲット，そして正解の単語「Olympic」のスペリングを正しく書けていれば10点ゲットです。ヒントが多く出ていくにつれて獲得できる点数は下がります。

例：正解は「Olympic」

Host	9点	Surfing	6点	Tokyo	3点
1896	8点	Skateboard	5点	IOC	2点
Athens	7点	5 new sports	4点	2020	1点

Step2 連想された単語を予想する　　　　　　　　　　　（5分）

　生徒はヒントの単語を聴きながら，そのキーワードに関連した「正解の単語（テーマ）」が何かを考えます。指導上の留意点は，答えが分かっても絶対に声に出さないように事前に注意をしておくことです。そうしないと，その時点で活動が終わってしまうだけでなく，他の生徒から非難されてしまいます。正解が分かった生徒は，黙ったままその時点ですぐに紙に書いて，教師に見せに行きます。連想することが難しい単語から順番に出題すると，正解がすぐには出ないので，少ないヒントで答えが分かった生徒が歩き出すと，教室に「お

ーっ！もう分かったの。スゴイ！」という声が響き，盛り上がります。教師に答えを見せる時は，声に出してしまうと他の生徒に答えが聞こえてしまうので，静かに見せてチェックしてもらいます。紙に書かせることで，正確なスペリングを要求し，正しく書くことに意識を向けさせます。

Step3　マグネットで可視化して正解者は先生役になる

　正解者が出始めるとだんだんと列ができてしまいます。そこで，正解者は他の生徒の答えをチェックする先生役になってもらいます。教師１人では列に並んでいる生徒の答えをチェックするのに時間がかかってしまいますが，早く終わった正解者が他の生徒をチェックしてくれるとスムーズに活動が進みます。

　正解した生徒が誰なのかが分かるように，名前入りマグネットを使うと便利です。黒板に教師役と書かれた大きなマグネットを右端に貼り，終わった生徒は自分の名前が書かれたマグネットを教師役の下に移動させます。他のまだ終わっていない生徒は，その教師役に貼られているマグネットの名前を見て，その友達のところにチェックを受けに行くこともできます。このように進捗状況を可視化すると，生徒は主体的に行動できます。

Step4　キーワードをつなぎ合わせて英文を書かせる　　　　（5分）

　正解した生徒にはチェックを受けに来る生徒の答えをチェックしながら同時に英作文にも取り組ませます。ヒントに出てきた単語をすべて使って関連のある文章を書かせるライティング活動です。これを終わった生徒同士で交換し，読ませると，リーディング力の向上も期待できます。

　例：The first international Olympic games was held in <u>Athens</u> in <u>1896</u>. Tokyo was chosen to <u>host</u> the <u>2020</u> Olympics. The IOC agreed to add <u>five new sports</u> such as <u>surfing</u> and <u>skateboard</u> to the sports program for the Olympic Games in <u>Tokyo</u>.

Step5　生徒が出題者になる

　慣れてきたら，生徒にクイズの単語とヒントの単語10個を考えてこさせ，教師役としてウォームアップを担当させると大盛り上がりです。

発音・語彙指導の場面

15 音節とリズム感覚を養うLimericks

4技能：Speaking○ Writing◎ Reading○ Listening○ 時間：100分
形態：個人，一斉　準備物：ポスター，録音機器

　音節とリズム感覚を養いながらライティング力を強化しようと考えて行ったのが英語ポエムの作成です。画用紙を配布してポスターのように作品として完成させると，文化祭の展示などでも教室に掲示でき，達成感を得るようになります。

Step1　ポエムの説明　　　　　　　　　　　　　　　　（50分）

　Limericksとは滑稽五行詩と訳されていますが，簡単に言えばfunny or nonsensicalなポエムです。最初にポエムのルールと音節数を教えて，次に生徒に作らせます。

ルール
・5行で面白い内容にする。
・1行目，2行目，5行目の最後の単語はお互いに韻を踏ませ，同じ音節数で文を作る。
・3行目，4行目の最後の単語はお互いに韻を踏ませ，同じ音節数で文を作る。

音節数の練習例：

　A syllable is one sound, like one note in music. Don't just count the letters.

```
① ②     ③     ④ ⑤  ⑥     ⑦
Ma ry   had   a  lit tle  lamb.  ⇒7音節
```

Idea=4 letters /3 syllables　Quite=1 syllable　Quiet=2 syllables

Step2 ポエムの作成 （50分）

　このようにして音節数とポエム作成のルールを指導してから実際に生徒に作らせます。ポスター作成が完成したら，自分たちが作成したポエムを読み上げさせて，音声に録音します。リズムやイントネーション，スピードに注意を払いながら作品に感情を込めるように読ませます。生徒の生の音声を聴きながらそれぞれの作品を見ると，伝わってくるものも特別だと思います。ALTとの授業で協力して完成させた生徒の作品を紹介します。これは実際に高校の文化祭で展示しました。

This chapter covers material developed by Dane Degenhardt.

発音・語彙指導の場面

16　新聞記事を利用した語彙学習

4技能：Speaking○ Writing○ Reading◎ Listening○　時間：40分
形態：個人，ペア　準備物：新聞記事，パラフレーズした表現リスト

　ある程度英文の量がある新聞記事を題材として扱います。タイムリーな記事を使い，内容に関する問題を作成すればリーディングの練習になり，語彙に焦点をあてればボキャブラリーのトレーニングとしても活用できます。

Step1　新聞記事の速読　　　　　　　　　　　　　　　　　　（10分）

　新聞から生徒の興味関心を惹きつける記事を抜粋し，生徒が読みやすい英文に要約します。ALTにも作成協力してもらったり，自分が作成したものを事前にチェックしてもらったりすれば，教師自身の要約する力を向上させることもできます。それらを授業で用いて，主体的に情報を読み取る訓練を行います。最初は概要把握のために速読させます。

Step2　パラフレーズ語彙学習　　　　　　　　　　　　　　　（15分）

　新聞記事で使用されていた英語表現を少し易しめの別の英語表現に言い換えたリストを準備します。生徒はパラフレーズされた表現を見て，新聞記事の本文から同じ意味の表現を探します。次の授業では内容理解の確認と語彙力定着のために小テストを実施します。

　このように，Authentic materials を用いて，生徒のレベルに応じて微調整し，考えるタスクを与えることで，生徒の学習意欲を高め，主体的に読ませることができます。

Step3　その他の課題　　　　　　　　　　　　　　　　　　　（15分）

　扱う記事の題材によっては，動画サイトでスピーチを視聴してくるような課題も出します。例えば，教科書で環境問題を扱った時は，環境サミットでのセヴァン・スズキさんのスピーチを紹介し，教育がテーマの時はノーベル平和賞を受賞したマララユスフザイさんの国連演説を視聴させて，感想を書かせます。自宅で視聴してくることが難しい生徒もいるので，授業中にも取

り扱うようにします。普段の授業から教科書の題材をさらに深く広く理解させることを意識して動画などを活用すると，実社会との結びつきを意識させることができ，より現実的に物事を考えるようになります。

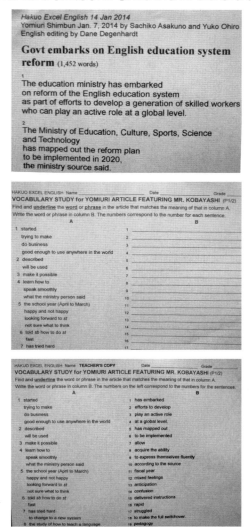

This chapter covers material developed by Dane Degenhardt.

発音・語彙指導の場面

17　日本語を使った発音練習 English 5-7-5

4技能：Speaking◎ Writing　Reading　Listening△　時間：1分で毎時間2名ずつ発表　形態：発表者1人対他の生徒
準備物：生徒が考えだした俳句

　これは，俳句でおなじみの日本語の「五七五」の一部の音だけを，英語の音に代えて言うというユニークな発音練習方法です。（詳細は靜哲人『絶対発音力』（ジャパンタイムズ）参照）。
　例：<u>さ</u>ようなら（5）｜<u>せんせ</u>いみな<u>さん</u>（7）｜またあ<u>し</u>た（5）
　　　　Thぁようなら｜Thぇん Thぇいみな Thぁん｜またあ Thぃた
　このような例を最初にいくつか示し，次は生徒に作らせます。ある生徒が作ったオリジナルの5-7-5をおもしろおかしく，ターゲット音（例えば，r, l, f, v, th, n など）だけは正確な英語の発音で言う練習をすると，その他の生徒も真剣に取り組みます。友達が自分で考えて作った5-7-5なので，どのような内容なのかが気になり，また自分が作る際の参考にもなります。後になっていくにつれて，だんだんレベルが上がっていき，個性溢れる内容の5-7-5を考えだし，発表してくれます。実際に生徒が作って発表してくれた作品をいくつか紹介したいと思います。

S1：RぉてんぶRぉ　お風RぉでゆったRぃ　よぞRぁ見Rぅ
S2：Vぇくとるは　Vぉくの得意な　Vん野です
S3：FラスコをFるFるしたら　Fっ飛んだ

　この日本語の文を使った練習は，英語のターゲット音のみに集中でき，日本語ではない音になっているかいないかが，はっきり分かります。このように生徒に実際に作らせ，先生役として発表してもらうと，個別にターゲットの発音が正確に定着しているかどうか容易に確認することができます。

発音・語彙指導の場面

18 個別式発音テストと Back-and-Forth Writing

> 4技能：Speaking◎ Writing◎ Reading○ Listening△ 時間：10分～
> 形態：個人，ペア，グループ（教室の生徒数により変幻自在）
> 準備物：グルグルシート（目標文が書かれたシート），おもちゃのマイク

　個別式発音テスト別名「グルグルメソッド」とは，大東文化大学の靜哲人教授が『英語授業の心・技・体』（研究社）の中で提唱している授業内活動です。ここでは私が少しアレンジして実践している方法を紹介します。

Step1　グルグル隊形で事前練習　　　　　　　　　　　　（3分）

　生徒を教室の前に呼び，向かい合って2列で立たせます。例えば，生徒数が20人の場合は1列が10人になるように並ばせ，ペアと向かい合った状態を作らせます（グルグル隊形）。生徒は事前に配布されたグルグルシートに書かれている英文を音読したり，お互いの発音をチェックしたり，Read & Look Up して正しい発音で暗唱練習をします。

Step2　スピーキングテスト　　　　　　　　　　　　　（5分）

　その2列の間を教師が歩き，1人ずつ個別に指定された英文を Read & Look Up させ，正しい発音で英文を暗唱できているかをチェックします。ペアごとに目標文を言わせる方法は，そのペアの目の前に立った瞬間どちらか一方の口元にマイクを近づけます。目的は，ペアの中でどちらの生徒に英文を言わせるかを瞬時で示すためです。口元にマイクがくるまでペアの生徒は誰から先にチェックされるかが予測できません。判定結果は連帯責任にすると順番待ちの練習時間でも一所懸命ペアで助け合い，チームワークも育まれます。

　判定方法は正しく発音できていると判断すれば○と言い，次の英文にも続けて挑戦しても OK にします。正しく発音できていない，または暗唱できていない場合は改善点を瞬時に伝え，次の生徒に移ります。○をもらえなかった生徒は次に教師が自分の場所にチェックに回ってくるまでの間，同じ英文を練習します。

Step3　ライティングテスト　　　　　　　　　　　　　　　　　（5分）

　生徒数が40人などの場合は，半分に分けて，もう1グループはグルグル以外の活動をさせるといった工夫も必要です。ここではペアではなく，個別に行う暗写の方法を紹介します。

　まず，教室の前後の黒板や左右の壁に，覚えさせたい英文がいくつか書かれているプリントを貼り，生徒は小走りでその英文を見に行きます。そしてその場で覚え，自分の座席に戻ってから覚えた英文を Back-and-Forth Writing sheet（番号と線だけ書いてある簡単な紙）に書くという方法です。時間をグルグルと同じ5分に定めて，制限時間にできるだけたくさん英文を書く活動です。書かせる内容は，グルグルでチェックする英文と同じにしておくと，スピーキングとライティングの活動に繋がりが生まれ，生徒も真剣に取り組みます。

Step4　活動チェンジ　　　　　　　　　　　　　　　　　　　（1分）

　最初の制限時間の5分が来たら，グループを入れ替えます。最初にスピーキングテストをしていたグループは，ライティングテストに移ります。逆に最初にライティングテストをしていたグループは，スピーキングテストに移ります。両グループとも最初の5分で暗唱や暗写を通して英文の intake や output を繰り返していたので，後半の5分は前半に比べより完成度の高い活動になります。

Step5　集計タイム　　　　　　　　　　　　　　　　　　　　（1分）

　時間が来たらパフォーマンス評価の結果をあらかじめ配布しておいた集計表に個別に記録させます。毎時間必ず短時間でも行うと，定期テストだけでは測ることが難しい音声面も多角的に評価でき，生徒の発信力は向上します。

　教師対生徒「個人対個人」の活動は授業中に実施することが難しいと考えられていますが，この方法であれば効率よく指導できます。『英語授業の心・技・愛』（研究社）の中で私がこれまでに実践してきたグルグルの失敗例と成功のコツを載せてあるので，そちらも是非読んでいただければ光栄です。

発音・語彙指導の場面

19 発音セルフモニタリング

4技能:Speaking◎ Writing　Reading△ Listening◎ 時間:生徒1人につき5分〜 形態:個人
準備物:モニタリングシート,ビデオカメラまたはICレコーダー

　発音力の向上に役立つと言われている自分の音声を聴く「発音セルフモニタリング」活動です。この活動は実技テストとして行うこともできます。調音方法を視覚的にも指導できるので,ビデオカメラがあると便利です。1人ずつ録音するため,少し時間がかかってしまいますが,学期ごとに1回実施するだけでも効果は大きいです。私は以前本格的にアクションリサーチとして取り組んでみましたが,自分の発音をモニターさせるのは発音に対する意識を高めるために非常に効果的であると確認できました(小林,2014)。

Step1　Recording Time　　　　　　　　　　　　　　　(1分)

　まず生徒1人ずつビデオカメラに向かって適当な英文を Read & Look Up させ,録画します。時間に応じて英文の量は調整できますが,3文程度でも十分判断できます。英文の選定基準は,ターゲットサウンドが含まれている単語が入っていることを条件として選びます。ターゲットサウンドの例として,子音のr / l / f / v / th / n などが挙げられます。

　指導上の留意点は,既に生徒は調音方法などの発音指導を受けていることが大前提です。事前指導が不十分な段階でモニタリングをしても聞き分けることはもとより,きちんとした発音で言うことすらできないからです。

Step2　Monitoring Time　　　　　　　　　　　　　　(1分)

　個別に自分が発話している録画映像を見せて,自分自身の発音の善し悪しを判定させます。生徒は英文を見ながら自分の発音を聞き,誤っていると判断した箇所(単語全体ではなくピンポイントに1つひとつの音に対応する文字に,です)にアンダーラインを引きます。教師も同様に判定します。

　例:I rea<u>l</u>ly want to enjoy my school <u>l</u>ife.　(/l/ が /r/ になっていた場合)

あらかじめ聞くことができる回数を２回などと決めておくと，時間のずれも少なくなります。

Step3　Evaluation Time　　　　　　　　　　　　　　　　　（１分）

　この生徒が自分自身で判定したものと教師が判定したものを見比べて，当該生徒が妥当な評価をしているかを評価します。最初の頃は自分にかなり厳しく評価する生徒や甘く評価する生徒もいますが，モニタリングの回数を重ねるにつれて妥当な判断ができるようになってきます。

Step4　Correction Time　　　　　　　　　　　　　　　　　（１分）

　誤りに気づいてその場で修正できる場合は再度言わせます。評価は，４：正確に発音できる，３：誤りに気づいて修正できた，２：誤りに気づいたが修正できない，１：誤りに気づかない，の４段階で行います。

Step5　Reflection Time　　　　　　　　　　　　　　　　　（１分）

　正しい音を誤っていると判定したり，誤った音を正しいと判定したりする生徒は，まだ当該の音に関する知識と技能が身についていないので，この場ですぐに教えます。教師の評価と生徒の評価を比べてみせることで，改めて自分自身の発音力やモニタリング力を把握することができます。

　自分が発音しているのを録画で見たり，録音を聴いたりしたことがある生徒は非常に少ないと思います。生徒が自分のスマートフォンの録音機能を使用し，自宅で録音した音声ファイルを持って「聞いてください」と私のところに来た時は，自律的学習者に育っていると実感した瞬間でした。

　このように生徒自身が発音した生の音声を繰り返し聴かせることで，音に注意を向けさせ，発音能力がどの程度上達したかを実感させることができます。

引用文献
小林翔（2014）「生徒の自己発音モニタリングが正確な発音の定着に与える効果」EIKEN BULLETIN, vol26, 130-145。

発音・語彙指導の場面

20　神経衰弱からのSurvey活動

4技能：Speaking◎ Writing○ Reading○ Listening◎　時間：20分～
形態：ペア，グループ，一斉
準備物：絵が描かれたカードとその表現が書いてあるカード2束

　vocabularyの定着を図るカードゲームです。4人1グループで楽しみながら絵が描かれたカードと英語が書かれたカードをマッチングさせる活動です。この後のSurveyに繋げる前段階の活動のため，英語が書かれているカードにはSurvey sheetのアンダーラインを引いた表現を載せています。

Step1　カードの配布　　　　　　　　　　　　　　　　　　　（1分）
　絵が描かれた薄いピンク色のカードの束をグループごとに配布します。次に，文字が書かれている濃い赤色の別のカードを一束配布します。区別しやすいように，絵のカードと文字のカードの色を変えて配布します。それぞれ絵や文字が見えるようにカードは表向きに机の上に置きます。

Step2　意味や発音の確認　　　　　　　　　　　　　　　　　（2分）
　「グループで協力しながら文字が書かれているカードと絵のカードをマッチングさせて隣同士におきましょう」，「文字が書かれているカードを手に取った時は声に出してグループ内で発音や意味を確認しましょう」と指示をします。
●指導上の留意点：ただのマッチング活動になっていないか，きちんと声に出して正しく発音できているか机間指導でモニタリングしましょう。

Step3　神経衰弱　　　　　　　　　　　　　　　　　　　　　（3分）
　「全てのカードを裏側にして混ぜましょう」，「文字が書かれているカードを先にめくり，声に出して言いましょう」，「次に，神経衰弱の要領でその表現を絵で表しているカードが置いてある場所を予測してめくりましょう」と指示をします。「ビンゴだったら，そのカードはとってOKですが，続けて2回目のチャレンジはせずに，次の友達に交代しましょう」と言います。そ

の理由は，たくさんの友達が練習できる機会を確保するためです。

●指導上の留意点：順番通りに交代しているか，きちんと声に出して正しく発音できているか机間指導でモニタリングしましょう。

Step4　Survey　　　　　　　　　　　　　　　　　　　　（6分）

　グループ内でそれぞれペアを組み，次のSurvey sheetを使ってお互いに質問し合います。「ペアを組み，理由も添えて意見を言いましょう」と指示をします。その後にペアで出し合った意見をグループ内で共有します。

●指導上の留意点：personalizationの考えに沿って，生徒の体験談や感想等の意見が比較的出やすい内容の質問を作るとよいと思います。(chapter2-5指導技術 personalization) 参照。

　例：食事のマナーがテーマだとしたら，食事中は肘をつかない，大声でしゃべらない，ストローで音を立てない，携帯電話を見ながら食べない，口に物を入れたまま話をしない等。下の例のように，（　）を段階的に作り，顔を上げて自然にディスカッションさせます。

Survey sheet 例
・How do you feel when people eat supper with their elbows on the table?
・How do you feel when they speak loudly during a meal?
・How about (　)(　) make noise with a straw?
・(　)(　) when they talk on mobile phones during a meal?
・(　)(　)(　)(　) speak with their mouth full?
「I hate it! I don't like it. It's OK. Actually, I do that myself.」

Step5　Survey 発表　　　　　　　　　　　　　　　　　（8分）

　「各グループの発表者を1人決め，発表しましょう」と指示をします。クラス全体で意見を出し合い，教師が最後にそれらの調査結果をまとめ，クラス全員の考えを共有します。最後に，出た意見を書いて提出させるとライティングの練習にもなります。

教科書本文の内容理解・音読・読解の場面

21 リスニングを通したリーディング
Timeline reading activity

> 4技能：Speaking○ Writing　Reading◎ Listening◎　時間：20分
> 形態：グループ
> 準備物：教科書本文の英文を1文ずつ縦に並べたハンドアウト

　時系列に沿った内容を扱った時に，クイズ形式にして話の展開を考えさせる方法です。教科書の英文を何度も聞かせたり読ませたりして内容を理解させます。

Step1　Personal timeline を決める　　　　　　　　　　　（5分）

　教科書本文の内容を時系列に並べるクイズです。まず，4人グループを作らせ，各生徒にカードを2枚配布します。それぞれのカードには教科書の本文のどこかの英文が書かれています。その2枚を教科書に書かれている順番に合うように縦に並べさせます。古い出来事が書いてある英文のカードは上に，新しい出来事が書いてある英文のカードは下に置かせます。

Step2　How to play　　　　　　　　　　　　　　　　　（15分）

　袋に入っている他のカード（英文がそれぞれ書かれている）をグループごとに配布して机の中央にそのカードの束を置きます。それぞれのカードには残りの教科書の本文が1文ずつ書かれています。1人ずつ順番に1枚選ばせて，読み上げさせます。読み上げている質問者だけは，本文が書かれているハンドアウトを見て正解かどうか確認できます。他の3人の生徒はその内容を聞き，自分が持っている2枚のカードのどこにそのカードを置けばストーリーが順番通りになるのかを考えます。解答権を持っている生徒は，本文を読み上げている左の生徒です。正解すれば，自分のタイムラインにそのカードを追加できます。できるだけたくさんカードを集めた生徒が勝ちです。その生徒が間違えた場合はさらに左隣の生徒が解答権を持ちます。他の生徒3人全員が正解できなかった場合は，出題者の自分のタイムラインにその紙を置くことができます。

教科書本文の内容理解・音読・読解の場面

22　写真を使って英文をたくさん読ませる活動

4技能：Speaking△　Writing　Reading◎　Listening△　時間：各活動それぞれ10分　形態：ペア，一斉
準備物：本文に出てくる語彙やキーセンテンスをイメージした写真（状況をつかむためのものなので，直接英文や内容と関係するものではなくてもOK）

　内容理解のきっかけに写真を活用して，生徒の注意を英文に向けさせる方法です。繰り返し本文を読ませ，英文に出てきた語彙や表現の意味を考えさせるために写真をいろいろな方法で使います。

Step1　写真と意味上に関連がある英文の組み合わせを探す　（10分）

　教科書に出てくる語彙や表現の意味を考えながら英文を何度も繰り返し読ませるために，たくさんの写真を活用します。本文と関連がある写真は英文の順番どおりに並べ，ハンドアウトに載せておきます。写真にはあらかじめ番号を振っておきます。教科書の本文を読み，写真と意味上に関連がある英文を見つければアンダーラインを引かせて番号を記入させます。生徒は写真に当たる英文を探すために英文を何度も読むことになります。

　最後の写真と本文のマッチングが終われば確認タイムです。ペアで交互に写真を指差して相手に見せながら英文を読ませ，適切な英文にアンダーラインを引くことができたかどうかを確認させます。

Step2　本文のストーリーに合うように写真を並べ替える　（10分）

　本文のストーリー順ではなくてランダムに並べた写真をハンドアウトに載せておきます。生徒にハサミを使って写真を細切れに切ってもらいます。ペアにつき1枚のハンドアウトを配布し，本文のストーリーに合うように写真を並べ替える作業に取り組ませます。生徒は写真をストーリー順に正しく並べ替えるために英文を何度も読むことになります。

　全体で確認する時は，スライドで一度に正解順に並んだ写真を見せる時もあります。代表生徒を黒板の前に来てもらい，大きめの写真を1枚ずつ小出

しにして貼らせて確認させる方法は他の生徒の関心を引き，盛り上がります。その時に，ただ単純に黒板に絵を貼らせるだけでなく，根拠となったキーセンテンスを声に出して読ませます。そうすると，次回の授業で行う生徒によるストーリーリテリング活動の予行練習にもなります。

Step3　写真に合うように英文を並べ替える　　　　　（10分）

本文のストーリー順ではなくてランダムに並べた英文をハンドアウトに載せておき，生徒にハサミを使って英文を細切れに切ってもらいます。

```
例：
①　_____
②　✂_____
```

例のように１文単位で行を分けておくと，それほど切るのに時間はかかりません。ペアにつき１枚のハンドアウトを配布し，本文のストーリーに合うように英文を並べ替える作業に取り組ませます。授業の導入に行う場合は絵をヒントにして英文を並べ替えさせます。展開やまとめに行う場合は写真など何もヒントは出さずに取り組ませます。生徒は英文をストーリー順に正しく並べ替えるためにランダムに置かれた英文を繰り返し読むことになります。

確認方法は，スライドで一度に正解順に並んだ英文を見せる時もあれば，生徒１人につき１文ずつ声に出して読ませる時もあります。発音やイントネーションの練習にもなります。このように教師が新出語彙の発音指導をする前に生徒に初見の英文を音読させると，自力で正しい発音で読む力を身に付ける訓練にもなります。

Step2とStep3も生徒自身に写真や英文をハサミで切らせる時間がありますが，節約したい場合は写真や英文の横に番号や記号を書いておき，正しい番号や記号だけを頭の中で並べ替えさせることもできます。

教科書本文の内容理解・音読・読解の場面

23　映像を使った飽きさせないリスニング活動

4技能：Speaking△　Writing　Reading　Listening◎　時間：18分
形態：ペア，一斉　準備物：本文の概要把握に役立つ写真

　リスニング活動時では，生徒が教師の指示を聞いて行動しているかどうかによって内容理解に影響がでます。例えば，重要な点のメモを取らせながら聞かせるのか，概要把握に努めさせるために何もメモは取らせずに聞くことに集中させるのか，あらかじめ問いがあってその答えを見つけさせるために聞かせるのか等，目的に応じてリスニング中の行動が変わってきます。

Step1　1回目は目を閉じてリスニング　　　　　　　　　（5分）

　生徒に聞かせる回数を伝えます。最初は概要把握に努めさせるため，手には何も持たせずに目を閉じさせる等，聞くことに集中させます。
　確認のためにペアを組ませ，ジャンケンで負けた生徒に日本語で内容を説明させます。生徒の実態に応じて英語で口頭要約させることもできます。このようにペアで一度確認させると，確認のためにもう一度英文を聞いてみようという気持ちを高めることができます。

Step2　2回目は映像を見ながらリスニング　　　　　　　（3分）

　教科書のリスニング教材によっては，オーラルイントロダクション用の写真やビデオなどの付属の教材を活用することもできますが，何もない場合は内容を表している写真を黒板に貼ります。視覚教材を活用すると，音声だけで理解するのが難しかった生徒のヒントになります。

Step3　3回目はポイントごとに止めながらリスニング　　（10分）

　最後は詳細に理解させるために，ポイントごとに音声を止めて聞かせます。リスニングに苦手意識を感じている生徒も，積極的にリスニング活動に取り組ませるためには単純に続けて全てを聞かせるより，このような段階を踏んだ指導が必要です。

教科書本文の内容理解・音読・読解の場面

24　教科書本文を様々な形に変える活動

> 4技能：Speaking○　Writing○　Reading◎　Listening△　時間：50分
> 形態：ペア，グループ，一斉

　教科書の英文を繰り返し読ませ，英文を理解させ，英語表現を定着させるためには，生徒が取り組みたくなるようなタスクを考える必要があります。ここでは，教科書本文に様々な新情報を付け加えさせて内容理解を促進させる方法を紹介します。

Step1　段落ごとの小見出しを考える　　　　　　　　　　（10分）
　英文を読ませた後に，ペアで段落ごとの小見出しを考えさせます。キーワードやキーフレーズを探し出すことにも繋がります。

Step2　英文タイトルを考える　　　　　　　　　　　　　（5分）
　全ての英文を読み終えた後に，ペアでタイトルを考えさせます。

Step3　全体でベストタイトルを決める　　　　　　　　　（10分）
　6人グループを作り，ペアで考えたアイデアを共有させます。その中からグループ内でのベスト小見出しとベストタイトルを決めさせます。

Step4　ラストを変える　　　　　　　　　　　　　　　　（5分）
　話の最後に自分で1，2文追加してエンディングを変えさせます。ストーリーによっては上手にまとめさせることもできますし，オチのように全く逆の展開に書き換えさせることもできます。この活動を通して表現力を養います。

Step5　追加情報を調べる　　　　　　　　　　　　　　　（20分）
　生徒を教科書の本文の作者になりきらせます。自宅での調べ学習として教科書の本文には書いていない情報を追加できるように考えてこさせます。教科書の内容だけにとどまらせずに，文の途中に自分が調べてきた情報を挿入させるので，背景知識も増えて理解しやすくなります。

教科書本文の内容理解・音読・読解の場面

25 友達に説明して理解を深める活動

4技能：Speaking◎ Writing○ Reading△ Listening△ 時間：20分
形態：個人

　講義を受ける時より，他者に学んだことを教える時の方が学習の定着率が高いと言われています。そこで，説明を求める課題を出し，友達にその問題の答えを説明させることで相互に理解を深め，全員が分かるようになることを目指す取り組みを紹介します。

Step1　説明させる課題を出す　　　　　　　　　　　　　（5分）

　例えば，「この問題を解きなさい」と指示するのではなく，「この問題の解き方の説明を全員がわかるように書きなさい」さらに「説明する時に別の例文を自分で考えて付け加えて説明しなさい」と指示をすると，発展的に取り組ませることができます。

　パターン例1：長文問題の内容把握問題を課題にした場合は，次のような質問を用意します。

　「主人公の男の子はどのように成長しましたか」
　「母親の息子に対する考えはどのように変化しましたか」
　「そのきっかけは何でしたか」

　概要を理解しながらも，キーセンテンスを見つけ，他の情報と組み合わせて理解して初めて正解できるような課題を出すことがポイントです。個人で解いて終わりにさせるのではなく，どうやってその答えを導き出したのか，その根拠となる英文や情報はどこに書かれていて，それがどのように答えと関連しているのかを友達に丁寧に説明するまでが課題であるということを伝えます。次に，文法問題を扱った場合を紹介します。ここでも，単純に解かせるだけでなく，説明させる方法を用いれば，深い学びに繋がります。

　パターン例2：不定詞の文法演習を課題にした場合は，「次の文の下線部と同じ用法の不定詞を含む文をア～ウから選び，記号で答えなさい」ではなく，

「次の文の下線部と同じ用法の不定詞を含む文を自分で考えて書きなさい」といった問題に変更します。こうすると，自分が本当に理解していないと英文を作ることもできませんし，説明時に説得力のある魅力的な英文を紹介でき，聞いている生徒もたくさんの例文に触れることができます。

Step2　個人で取り組む　　　　　　　　　　　　　　（5分）

　最初に5分程度で解ける課題を用意します。制限時間を決めて生徒個人で解かせます。答えは必ず書くように指示をし，自分自身の再確認と順序立てて説明する時にも役立たせるようにします。解答は教卓に置いたり，黒板に貼ったりして，終わった生徒から順番に解答を見に来させます。

Step3　3人の友達に教える　　　　　　　　　　　　（10分）

　全員立たせてから説明を開始させます。生徒は説明する相手を見つけて教室内を歩きます。ペアを見つければ，じゃんけんで勝った生徒が説明を開始します。説明して相手を理解させることができたら，ノートの右上やハンドアウトの右上に Thank you サインをもらうことができます。サインは名前でも絵でも記号でも OK です。もし，相手に分かってもらえなかったら，どこが理解できないのかを聞いて，もう一度説明させます。再チャレンジで分かってもらえれば，サインをもらえますが，できなかった場合は，サインはもらえません。別のペアを見つけましょう。3人に教え合うことを繰り返すうちに，自分の説明を修正して，次の説明の時にはより分かりやすい説明ができるようになっていきます。ポイントは，説明を聞いても理解できない友達がなぜ分からないのかを考えさせ，分かるために説明方法を改善していく過程で理解を深めていけるところです。

　3人のサインをもらい（説明を終えた），自分も3人にサインを書いたら（説明を聞き，理解した）自分の席に戻れます。まだ終わってない生徒同士で取り組ませても OK ですが，早く終わって着席している生徒のところに行き，説明をしたり，説明をしてもらったりしても OK です。

教科書本文の内容理解・音読・読解の場面

26　協働学習を促進させる Can-Do statements

4技能：Speaking◎　Writing○　Reading◎　Listening◎　時間：50分
形態：グループ
準備物：Can-Do statements，4つの段落を4枚に分けたハンドアウト

　アクティブ・ラーニングを促すための手法の1つであるジグソー法にCan-Do statements を用いて，協働学習を機能させる方法を紹介します。

Step1　ジグソー法

　エリオット・アロンソンらによって編み出されたジグソー法を説明します。大きなトピックをいくつかの相互関連する小さなトピックに分けます。例えば，教科書の1レッスンを4つの段落に分けたり，あるテーマに関して立場の違う役割を4つ用意したりします。

　グループメンバーはその中からどれか1つのトピックを選び，グループを離れて同じ資料を読み合う別のチームを作ります。その資料に書かれた内容や意味を話し合ったりして，別のチームで理解を深め，それぞれ異なるトピックについての専門家になります（エキスパートチーム活動）。

　最初のグループに戻り，他のメンバーに学んだ内容を説明し合うとグループの全員が全てのトピックについての知識を得ることになります。この活動は，それぞれ自分だけがその情報を知っているので，自分の言葉で正確に伝えようとすることで理解状況を内省し，他のメンバーの情報も聞いて知識を組み合わせて理解を深めることができます。

Step2　Can-Do statements　　　　　　　　　　　　　（5分）

　2013年3月，文部科学省初等中等教育局は，『各中・高等学校の外国語教育における「CAN-DO リスト」の形での学習到達目標設定のための手引き』を公表し，各学校において，CAN-DO リストを作成，活用することが求められています。

　ここでは，ジグソー法での協働学習を機能させるために，グループ活動ご

とのCan-Do statementsを作成し，Rubricの形で活用しました。活動させる前に，Rubricの評価基準をよく理解させておくと，高い目標をもって積極的に活動に参加する姿勢を作らせることができます。

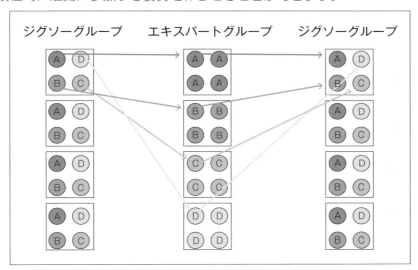

それでは，実際の授業実践例を紹介します。事前準備として教科書の1レッスンを4つの段落に分け，教室前後の黒板の左右にその段落が書かれている英文と本文に関連した写真を数枚載せたプリントを内容が見えないように裏側にした状態で貼っておきます。視覚教材を載せると，ヒントになりスローラーナーにも取り組みやすくなります。

Step3 情報収集（エキスパート活動）　　　　　　　（20分）

　例えば，クラスサイズが16人であれば，4人1グループを4つ作らせ，1から4の好きな番号をグループの中で決めさせます（ジグソーグループ）。生徒は教師の「Ready go!」の合図で一斉に自分が選んだ番号が貼られているプリントの場所に移動し，そこに書かれている情報を収集し始めます。ジグソーグループからそれぞれ1人ずつ集まってきたメンバーがその場で同じ資料を読み合う別のチームを結成している状態です（エキスパートグループ）。エキスパートグループで協力してその資料に書かれた内容や意味を話し合ったりして理解させます。ここでの活動を個人プレーで取り組ませることなく，メンバー全員で助け合いながら英文を読み解くための手立てとしてエキスパートグループ用のRubricを参照させて生徒の行動を明確化し，高い目標をもって主体的に取り組ませるように導きます。

EXPERT	Great 4	Good 3	Limited 2	Need to try1
情報収集 （整理） ・キーワード ・トピックセンテンス	・優先順位をつけて適切なキーワードやトピックセンテンスを選ぶことができた。 ・ジグソーチャートを用いて全ての情報を順序立てて整理することができた。（　　）	優先順位をつけることはできなかったが，キーワードやトピックセンテンスを選ぶことができた。（　　）	キーワードだけ，あるいはトピックセンテンスだけ選ぶことができた。（　　）	キーワードもトピックセンテンスも選ぶことができなかった。（　　）
参加態度 （協力姿勢） ・話す ・聞く ・意見交換 　（opinion）	・全員で協力して積極的に話し合いができた。 ・わからないところは遠慮せずに質問し，答えることができた。 ・活発に意見交換ができた。（　　）	あまり積極的ではなかったが，全員で協力し合い，理解できた。（　　）	特定の友達とは協力できた。（　　）	一人で取り組むことが多かった。（　　）
発表練習 ・相互チェック ・フィードバック	・繰り返し練習し，余裕をもって要約できた。 ・グループチェックを経て，自信を持って自分の言葉で要約することができた。（　　）	一部の表現を別の表現にかえ，本文の表現を自分の言葉で要約することができた。（　　）	文は未完成（句や単語のみ）だが，キーワードを参考に要約できた。（　　）	キーワードのみで，要約することができなかった。（　　）

Step4　リテリング　　　　　　　　　　　　　　　　　（20分）

　最初のジグソーグループに戻り，他のメンバーにエキスパートグループで獲得してきた情報を伝達（リテリング）させます。ここでの情報交換の時間（グループ内プレゼンテーション）で，グループの全員が全てのトピック（4つの情報）についての知識を得ることができます。この活動は，それぞれ自分だけがその情報を知っているので，責任感を持ってなんとかして自分の言葉で正確に伝えようとします。

JIGSAW	Great 4	Good 3	Limited 2	Need to try1
発表本番 （情報伝達） ・キーワード ・トピックセンテンス	・ジグソーチャート（キーワード）を効果的に用いて本文の表現を自分の言葉で要約することができた。 ・相手が理解しやすいように，質問を織り交ぜながら情報を伝達することができた。　　　（　　）	ジグソーチャート（キーワード）をほとんど見ずに，本文の表現を自分の言葉で要約することができた。 （　　）	ジグソーチャート（キーワード）を見ながら，本文を参考になんとか要約することができた。	考えたことをまとめ，要約することができなかった。 （　　）
参加態度 （協力姿勢） ・聞く ・キーワードのメモ	・わからなかったところは Pardon? や What is the spelling of the words? などの表現を用いて質問し，理解することができた。 ・ジグソーチャートに聞き取った情報を正確にメモすることができた。（　）	・わからなかったところは質問しなかったが，大体理解することができた。 ・ジグソーチャートに聞き取った情報を大体メモすることができた。 （　　）	ところどころ聞き取り，メモすることができた。 （　　）	ほとんど聞けておらず，メモもほとんどとれなかった。 （　　）
知識の統合 ・意見交換 　(opinion) ・感想	・報告し合った内容に追加して英語で意見交換ができ，理解が深まった。 ・4つのストーリーを整理し，共通点や相違点を見つける等，活発なディスカッションができた。 （　　）	・多少の日本語は混じっていたが，英語で感想や質問などの意見交換ができた。 ・協力して全体の流れ（4パート全て）を理解できた。 （　　）	4人全員の発表を聞いた後に，日本語で意見や感想などを言うことができた。 （　　）	・調べてきた情報の伝達にとどまった。 ・(opinion)をほとんど得ることができなかった。（　）

●指導上の留意点１：ジグソーチャートを用意

　エキスパートグループで情報収集する時に，ポイントを絞って話し合い，メモできるジグソーチャートを準備します。さらに，ディスカッション用の意見欄を作り，単なる英文の理解や情報取集で終わらせず，グループメンバーでの意見交換を促します。この後のリテリングでもこの用紙をヒントとして活用させたり，聞いている時もメモさせたりすると，聞き流しを防げるので，主体的にメモを取って質問するアクティブリスナーの態度を養うことができます。

●指導上の留意点２：インフォメーションギャップでモチベーションアップ

　下の写真は，教科書の本文ではなく，テーマに関連したオリジナル教材の書きおろしです。中学校の教科書は，３段落で終わっている単元が少なくありません。この時の単元テーマが「世界の国についての紹介」で，第一段落ではモンゴル，第二段落ではアメリカ，第三段落ではケニアについて書かれていましたので，私がオーストラリアについての第四段落をエキスパート活動用（グループ４用）に追加しました。

　ポイントは，この単元で新しく学ぶ文法事項を全てこの段落に盛り込むことです。他の１〜３までの段落はそれぞれ１つだけの文法事項を新出ポイントとして扱っていましたが，応用として全ての文法ポイントを意図的に入れました（関係代名詞の主格と目的格 that, who, which の用法）。このように，通常の授業で初見の英文を読ませることは生徒にとってもチャレンジングであり，やりがいを感じさせ，モチベーション高く取り組ませることができます。

教科書本文の内容理解・音読・読解の場面

27 InputからOutputへの橋渡しをするIntakeの音読活動

4技能：Speaking◎ Writing　Reading◎ Listening○　時間：20分〜
形態：個人，ペア，一斉

　音読を通してどのような力を生徒につけさせたいのかといった具体的なビジョンを持ってそれを説明してから行う場合と，なんとなく音読させる場合では生徒の取り組む姿勢が違ってきます。

　音読指導で気を付けるべきことは，音読後のOutputへの準備として，きちんと機能させることです。例えば，1文単位のパラフレーズやリテリング活動のことです。その段階にまで生徒のレベルを上げていくための音読の方法をスモールステップの原理で段階を踏んで紹介します。

　リテリングの定義：読んだ本文の内容を整理して，自分の言葉で他者に伝える活動を指します。本文のInputとIntakeに続くOutputの1つです。

Step1　Listen & Say　　　　　　　　　　（段落ごとに1分）

　本文を読ませる前に，段落ごとに音声を流し，すぐに聞き取った内容についてペアで口頭要約させる方法です。スローラーナーへの支援として，リスニングの後に，キーワードの共有をしてから口頭要約させると，リスニングだけでは理解が難しかった生徒もなんとかそのキーワードを駆使して相手に伝えようとします。リスニング時に内容を表している絵を黒板に貼り付けておくと，ヒントになります。時間を30秒に設定したり，3文で要約するように具体的に指示したりすると，生徒は取り組みやすくなります。

●指導上の留意点

　最初の活動として位置づけているので，この段階ではリテリングすることの難しさや現時点でのOutput力を認識してもらうことが目的です。授業のまとめの活動にリテリングを用意して，最初に「できなかった」ことが最後に「できるようになった」と生徒自身が伸びを体感するような仕掛けを作

ることがポイントです。

Step2 Chorus Reading（一斉）　　　　　　　　　　（8分）

　発音や文アクセントなどの気を付けるべき音声上のポイントを最初に伝えてから教師が本文をチャンクごとに範読し，生徒に繰り返させます。2回目はチャンクごとではなく，センテンス単位で音読させます。

Step3 Overlapping（一斉）　　　　　　　　　　　　（1分）

　流れてくる音声に合わせて sentence 単位で本文を音読させます。モノマネのように，スピードや強弱も完全にコピーできることを目指します。

Step4 Buzz Reading（個人）　　　　　　　　　　　（4分）

　生徒全員を起立させて個人のペースで音読させます。段落ごとに向きを前後左右に方向転換しながら読ませる四方読みで4回読ませます。

Step5 Cloze Reading（ペア）　　　　　　　　　　（2分）

　新出単語や文単位を空所にした英文を用意します。生徒はペアで協力してその空所を補充しながら音読します。徐々に知的負荷をかけていき，production 活動に近づけていきます。

Step6 Checking（一斉）　　　　　　　　　　　　　（2分）

　最後にこれまでの効果を測るために，生徒をランダムに指名してその場ですぐに最初の文から何も見ずに1文単位で言わせます。2人目は次の英文を，3人目以降も同じように続けて言います。途中で誰かが覚えていなかった場合は，もう一度最初の英文からやり直しです。誰が指名されるかわからないので，緊張感を持った状態で取り組みます。全員で最後まで言い終えた時は自然と拍手喝采です。

　リテリングの成功の鍵はそれまでの音読練習と，この次の章に紹介する更に知的負荷をかけた Intake 活動にあります。ここで紹介した基本的な音読方法をまずは徹底的に授業で行い，教科書本文の定着を図ると，次のステップにスムーズに進むことできます。

教科書本文の内容理解・音読・読解の場面

28　生徒の変容が見えるリテリング活動

4技能：Speaking◎ Writing　Reading◎ Listening○　時間：25分〜
形態：個人，ペア

　教科書の内容理解後に行うステップを踏んだスピーキング活動を紹介します。単元目標を，「本文の内容を自分の言葉で再話することができる」とした場合，どのような手順で指導すれば実現できるのでしょうか。前の章で紹介した音読活動の後に位置づけています。

Step1　Read & Look Up　　　　　　　　　　　　（5〜10分）

　まずは，教科書に出てくる英語表現をきちんと定着させます。そのための最初のステップとして本文の暗唱に役立つ方法が Read & Look Up です。①個人で座って②個人で立って③個人で立って四方読み④ペアで1文単位⑤ペアで1文単位を交代して行う。このように少しの動きをつけると，単純になりがちな音読活動も飽きずに取り組ませることができます。

Step2　Listen & Repeat　　　　　　　　　　　　（5〜10分）

　ペアを組ませ，じゃんけんさせます。勝った生徒は Read & Look Up させ，負けた生徒は教科書を見ずに Listen & Repeat させます。Listen & Repeat する生徒のほうが知的負荷は高いですが，ペアの協力がなければ成立しない活動なので，真剣に取り組みます。また，クリアーな発音で Read & Look Up しないと，相手が聞き取ることができないので，スピードやイントネーションなど音声面にも意識を向けさせることができます。この活動中に，ペアで使える自然なクラスルームイングリッシュを導入します。

　　例：Could you speak more slowly please?
　　　　Could you speak up please?
　　　　Could you say that again please?

Step3　パラフレーズ本文解説　　　　　　　　　　（5～10分）

　本文の英語を生徒が自分の知っている別の表現に言い換える練習です。まずは教師が本文の解説時に，生徒が理解可能な別の表現に言い換えます。言い換え表現もハンドアウトに盛り込むと後の練習で生徒が使用できます。

　例：He can run fast. → He is a fast runner.
　She wanted to be an English teacher. → She hoped to be ～.
　Obama emphasized in his address that nuclear weapons must not be used again, saying, ～ → Obama repeated in his speech that nuclear weapons should not be used again, and he said ～

Step4　1人でリテリング　　　　　　　　　　　　　　（5分）

　トピックセンテンスを見つけ，不要な部分をカットします。代名詞などはそれが指している語句に戻し，つなぎ言葉の and や so を使いながら文を繋げれば簡単な要約文を作れます。これまでのステップで学んだパラフレーズを盛り込み，本文を読んで感じたことや意見を加えさせればリテリング活動になります。

Step5　ペアでリテリング　　　　　　　　　　　　　　（5分）

　1文単位交互にリテリングする活動や，約10秒ごとに教師が「Change!」と叫び，今リテリングしている生徒が1文言い終われば，次はその続きを相手がリテリングする活動です。合図ごとの交代制は，特に盛り上がります。

●指導上の留意点

　リテリング活動は慣れが必要です。単元の最後に1回のみ行うだけではなく，毎時間，パートごとや段落ごとに少しずつリテリングさせることが大切です。授業の最初に行ったStep1のListen & Say（p.113）と授業の最後に行ったStep5のリテリングを比較すると，その50分の授業時間内だけでも生徒の変容が確認できます。

　発表のタイミングは授業の終わりならば「まとめの活動」，次の授業の始めならば「復習の活動」になります。

教科書本文の内容理解・音読・読解の場面

29　3コマ漫画リテリング活動

4技能：Speaking◎　Writing　　Reading○　Listening◎　時間：10分〜
形態：ペア，グループ
準備物：事前に生徒に描かせた内容を表す絵

　ちょっと遊び心を入れて本文をリテリングさせるスピーキング活動です。レッスンの各パートのまとめの活動として，宿題で生徒一人ひとりにその物語のストーリーを表す絵を3コマ漫画風に描いて来させます。発表者は，自分が描いた漫画を他の生徒に見せながらリテリングするというものです。絵を描くことが大好きな生徒は，特に凝った漫画を描いてくれるのでこのように漫画を用いて口頭でストーリーを言わせる活動を聞くのが待ち遠しくて仕方がない生徒もいます。また，生徒自身が描いた絵がヒントになり，発表者側と聞く側双方の理解が深まります。自分が描いた絵をヒントに教科書の英文を見ずに言うことで，要約したり，自分の言葉で表現を言い換えたりする工夫が見られ，発信力育成に繋がります。また，3コマ漫画をリテリングのヒントとして準備するためには，その過程において本文を何度も読み，絵に使えそうなポイントとなる英文箇所を考えることにもなります。

Chapter 3　アクティブ・ラーニングが成功する場面別活動アイデア

教科書本文の内容理解・音読・読解の場面

30　グループで協力して行うリテリング活動

4技能：Speaking◎ Writing　Reading○ Listening◎　時間：活動20分
形態：グループ

　いきなり個人である一定の量をリテリングさせるのが少し難しい場合は，友達と協力しながら1文単位で英文を繋ぎ合わせていくスピーキング練習から始めると，取り組みやすいと思います。リテリング活動のハードルを低くし，気軽に取り組ませることができるグループリテリングの方法を紹介します。

Step1　リテリングバトン　　　　　　　　　　　　　　　　（10分）

　4人1グループ，あるいは6人1グループを作ります。グループ内で1人ずつ順番に本文の内容をリテリングさせます。1文のみリテリングすることと他の生徒は教科書の本文を見ながら友達のリテリングを聞くことをルール化します。一度にたくさんの英文を覚えさせるのではなく，1文ずつ取り組ませる事と，直前まで英文を見ていても OK にするだけで，自分がリテリングする順番が来るまで英文を必死で読み返し，友達のリテリングの内容も真剣に聞くようになります。

Step2　雪だるま式リテリングバトン　　　　　　　　　　　　（10分）

　4人1グループを作ります。グループ内で1人ずつ順番に本文の内容をリテリングさせます。1番目の生徒がリテリングした英文を2番目の生徒がリピートし，更に自分のリテリングを付け加えます。3番目の生徒は1，2番目のリテリングをリピートし，更に自分のリテリングを付け加えます。4番目の生徒は1，2，3番目のリテリングをリピートし，最後に自分のリテリングを付け加えます。雪だるま式にどんどんリテリングする内容を増やしていく方法です。後になるにつれて難しくなっていくので，言葉に詰まった時には既にリテリングを言い終えた生徒が助けても OK にすると，協力して取り組めます。

教科書本文の内容理解・音読・読解の場面

31 コスパの高い口頭要約
—中間発表から最終発表まで

> 4技能：Speaking◎ Writing△ Reading△ Listening◎ 時間：中間発表15分，最終発表50分 形態：グループ
> 準備物：評価シート，くじ用の番号札

　グループごとに教科書の本文要約を発表させると，生徒同士の学び合いの機会を多く提供できるのでコストパフォーマンスも高く，効果的です。

Step1　4人グループを作り，ゴールを明確にする　　　　（5分）

　単元の最初に，本文の内容について自分の言葉で他者に伝えることをゴールに設定し，それを事前に伝えておくと，主体的に生徒が英文を深く読み，学んだ英文の表現が使えるまで練習するので，より定着します。まだ1人で要約するのが難しいと感じている生徒層を対象とする場合でも，グループにして活動させると，生徒同士教え合い，良い刺激になります。最初のグループは，男女2名ずつのグループにし，2回目以降は男女関係なく自由にグループを生徒に決めさせて，責任感を持って取り組ませます。

Step2　グループ内での口頭要約―中間発表―　　　　（10分）

　発表の方法は，中間発表，最終発表と2回実施します。中間発表では，1時間の授業ごとに1パートを学習し，グループ内発表形式で1人ずつ順番に各自が作成した要約を Read & Look Up 形式で要約させます。他の3人は発表を聞いた後，4つの観点が書いてある評価シートを元に，改善点やアドバイスを与えます。これを繰り返し，4人全員が終えると，ミーティングの時間を設けます。このように，生徒同士相互評価をさせ，最終発表に向けて真剣に話し合わせると，チームとして助け合いや学び合いが生まれ，授業外でも集まって話し合いをするようになります。グループ内発表にしたことで，限られた時間内でも練習することができ，コストパフォーマンスの高い要約発表の時間を作ることが可能です。

Chapter 3　アクティブ・ラーニングが成功する場面別活動アイデア

発表順	生徒名	アイコンタクト	姿勢	発音	内容
1		A B C	A B C	A B C	A B C
2		A B C	A B C	A B C	A B C
3		A B C	A B C	A B C	A B C
4		A B C	A B C	A B C	A B C
5		A B C	A B C	A B C	A B C
6		A B C	A B C	A B C	A B C

Group Presentation Evaluation Sheet

評価基準A＝10点，B＝5点，C＝2点

アイコンタクト	A＝原稿を見ずに，自然にアイコンタクトしている B＝少し原稿を見ることはあっても，アイコンタクトしている C＝原稿を読み，あまりアイコンタクトしていない
姿勢	A＝メッセージを積極的に伝えようとしている B＝メッセージを伝えようとする姿勢が少し感じられる C＝メッセージを伝えようとする姿勢があまり感じられない
発音	A＝正しい発音で，正確に伝えることができている B＝時々誤った発音はあるが，一応伝達できている C＝誤った発音が多い
内容	A＝自分の言葉で正確に伝達できている B＝ほとんど教科書の本文のまま，伝達している C＝情報量が不足していて，伝達が不十分

最終発表

今までグループ内だけで個別に発表していた活動を,今度はクラス全体の前でグループ発表させます。例えば,1レッスンが4つのパートに分かれている場合は,中間発表をグループ内でパートごとに4回終えた後に,まとめの活動として発表させます。こうすると,パートごとの要約と全体の要約との繋がりをもたせて学習させることができます。

Step1　発表の順番決め　　　　　　　　　　　　　　（5分）

一人ひとりに全パートを要約発表させると時間がかかってしまうので,発表の当日は生徒1人につき1パートのみを要約発表させます。各グループリーダー同士でジャンケンをし,発表する順番を決めます。4人全員で合わせて1レッスンの要約を発表するグループ発表形式なので,生徒が40人いても10グループの発表です。この程度の人数であれば,1回50分の授業で全員要約発表を終えることができます。

Step2　発表　　　　　　（各グループ3分程度×グループ数10）

生徒は各パートのキーワードを5個〜10個程度準備し,そのキーワードだけを見ながら要約します。発表する順番が来たグループ全員は教卓の前に立ち,その場で教師が一人ひとりに異なるパートを指定します。こうすることで,生徒は発表する直前まで自分がどのパートを発表するのかを知らされていないので,全てのパートを練習するようになります。

中間発表と違って,これまでにパートごとのグループ内発表を経験し,チームで協力して全パートの要約内容の検討,改訂,練習等の準備をしてきているので,自信を持って全員の前で最終発表に臨ませることができます。

Step3　評価　　　　　　　　　　　　　　　　　　（10分）

評価は7つの観点で行います。ただし,今回は個別評価ではなくグループ単位で評価するため,チームワークがさらに重要になります。最終発表に向けて,日頃からチーム内で教え合い,学び合う姿勢が生まれ,必然的に意思疎通を行う環境を生み出すことで効果的な協働学習に繋がります。

グループ名	アイコンタクト	姿勢	発音	内容	声の明瞭さ	イントネーション	ポーズ
	A B C	A B C	A B C	A B C	A B C	A B C	A B C
	A B C	A B C	A B C	A B C	A B C	A B C	A B C
	A B C	A B C	A B C	A B C	A B C	A B C	A B C
	A B C	A B C	A B C	A B C	A B C	A B C	A B C
	A B C	A B C	A B C	A B C	A B C	A B C	A B C
	A B C	A B C	A B C	A B C	A B C	A B C	A B C
	A B C	A B C	A B C	A B C	A B C	A B C	A B C
	A B C	A B C	A B C	A B C	A B C	A B C	A B C
	A B C	A B C	A B C	A B C	A B C	A B C	A B C
	A B C	A B C	A B C	A B C	A B C	A B C	A B C

Final Presentation Evaluation Sheet

評価基準 A＝10点，B＝5点，C＝2点

アイコンタクト	A＝原稿を見ずに，自然にアイコンタクトしている B＝少し原稿を見ることはあっても，アイコンタクトしている C＝原稿を読み，あまりアイコンタクトしていない
姿勢	A＝メッセージを積極的に伝えようとしている B＝メッセージを伝えようとする姿勢が少し感じられる C＝メッセージを伝えようとする姿勢があまり感じられない
発音	A＝正しい発音で，正確に伝えることができている B＝時々誤った発音はあるが，一応伝達できている C＝誤った発音が多い
内容	A＝自分の言葉で正確に伝達できている B＝ほとんど教科書の本文のまま，伝達している C＝情報量が不足していて，伝達が不十分

声の明瞭さ	A＝声量もあり，非常に聞き取りやすい B＝適切な声量 C＝少し小さくて聞き取りづらい
イントネーション	A＝正確なイントネーション B＝多少の誤りはあるが，意識している C＝意識しておらず，誤りが多い
ポーズ	A＝適切な箇所でポーズをとれている B＝多少の誤りはあるが，ある程度自然である C＝単語毎にブツブツと切れていて不自然である

教科書本文の内容理解・音読・読解の場面

32　グループで行うＱ＆Ａ伝言ゲーム

4技能：Speaking◎ Writing　Reading○ Listening◎　時間：10分
形態：個人，グループ
準備物：なし（生徒にあらかじめ質問内容を考えて来させます）

　前回習った授業の内容に関する復習クイズです。教師が質問をするのではなく，生徒同士で質疑応答するスピーキング活動です。質問の内容は Yes, No question ではなく，文章で答えさせるような質問を考えさせます。

Step1　縦１列６人の伝言ゲーム　　　　　　　　　　　　（１分）
　各列の先頭の生徒Ａが自分で考えてきた英語の質問を後ろの生徒Ｂにします。生徒Ｂはその質問に答え，さらにその答えのみを後ろの生徒Ｃに伝えます。生徒Ｃはその答えを聞き，その答えに相当する質問内容を予想し，生徒Ｄに予想した質問をします。生徒Ｄはその予想質問の答えを言い，生徒Ｅにその答えを伝えます。生徒Ｅはその答えを聞き，その答えになる質問を予想し，生徒Ｆに予想した質問をします。生徒Ｆはその予想質問に答え，その予想質問を生徒Ａに伝えに行きます。生徒Ａが最初に質問した英文と内容がほぼ合っていれば伝言ゲーム大成功です。

●指導上の留意点：質問や答えが後ろの生徒に聞こえないように，耳元で小さな声で伝えるように指示します。

Step2　座席移動　　　　　　　　　　　　　　　　　　（10分）
　１つの伝言クイズが終わるたびに，席を１つ移動させます。そうすると，繰り返すたびに，順番に最前列に座るようになり，質問を最初にできます。
　この活動をすることを前回の授業で伝えておくと，生徒に質問の内容を考えさせるように仕向けることができます。生徒は問題を考えるために，自宅でも本文を繰り返し読むようになります。

教科書本文の内容理解・音読・読解の場面

33 ゲーム的要素を加えたペア活動

4技能：Speaking◎ Writing　Reading○ Listening◎　時間：10分
形態：ペア，一斉

　普段の授業中の活動の中にゲーム的要素をほんの少しだけ付け加えるだけで，生徒の授業に参加する姿勢がおもしろいほど変わり，楽しみながら自然と学ばせることができます（詳細は靜哲人・正頭英和・小林翔『英語授業の心・技・愛』研究社参照）。

Step1　ペアワークでのスクワット3秒ルール　　　　　　（5分）

　ペアで単語のクイズをする時に，答えを言う生徒が3秒以内に正解を言えない場合は立ちます。次の質問に3秒以内に正解を言えれば座れます。この流れで，質問ごとに立ったり，座ったりまるでスクワットをしているように活動させます。立っている生徒を見れば誰ができていないのかが一目瞭然なので，定着の確認も容易にできます。

Step2　一斉指導でのドラムゲーム　　　　　　（5分）

　教師が教科書の本文をわざと，時制や単数形や複数形など文法的に誤りのある英文を言ったり，単語をすり替えて内容的に誤りのある英文を言ったりします。生徒は何も見ずにその音声を集中して聞き，英語がおかしいと気がついた時点で，机を両手で叩きます。そしてまるでドラムを叩いているかのように5回ほど両手で交互に机を叩いた後に，正解を言わせるというものです。ペアを組まして生徒同士でやらせると，スピーキングの練習をしながら内容理解もでき，さらにリスニングのトレーニングにもなります。

　立ったり座ったり，机を叩いたりして音を出す，そのほんの少しの動作を付け加えるだけで，生徒は楽しみながら取り組みます。

教科書本文の内容理解・音読・読解の場面

34　全員参加のオーラルクイズ発問

4技能：Speaking　Writing　Reading　Listening◎　時間：10分
形態：一斉
準備物：百円ショップで売っている○×カード。テスト集計表。または，うちわの裏表に赤色と青色の紙を貼り，赤色の紙は False，青色の紙は True と決めておきます。

　教師の発問に生徒全員を応答させるために，小物を活用して授業をオーラルクイズ形式で進めます。オーラルクイズが終われば，点数を集計させて集計表に記入させます。授業の位置づけは復習になります。

Step1　ルール説明　　　　　　　　　　　　　　　　　（1分）

　ルール：教師の問いは全てテストです。本日の問いの数は10問です。必ず1問ずつ True or False の答えを示す小物を教師に見えるように提示しましょう。

Step2　発問スタート　　　　　　　　　　　　　　　　（3分）

　教師が前時で教えた内容に関する Yes or No で答えられるような質問をスピーディーに口頭で発問します。前時の発問時に，次回の授業の冒頭でオーラルクイズを行うことを告知しておくと生徒はより集中して授業に取り組みますし，オーラルクイズでも高得点を取らせることができます。

Step3　ペアで解説　　　　　　　　　　　　　　　　　（6分）

　発問後は素早く正解を言い，その場で生徒に自己採点させます。採点方法は，正の字を書かせて記録させる方法もありますが，最初に問題数を5問とか10問と宣言しておけば，間違えた数のみ覚えさせておくこともできます。テンポよく行うため，生徒が間違えていたとしてもその時は解説などせずに，質問が全て終わった段階で最後に6分程度確認タイムをとり，間違えてしまった問いや分からなかった問題をペアで確認させます。

教科書本文の内容理解・音読・読解の場面

35　ウルトラクイズ式 TPR

4技能：Speaking△　Writing　　Reading○　Listening◎　時間：10〜20分
形態：個人，一斉

　高校生ウルトラクイズというテレビ番組を見ていて思いついた方法を紹介します。この番組では多くのクイズ参加者を選抜していくために，大きなグランドに集合させ，○×クイズを出します。参加者は答えがある場所（○か×と表示されている）の大きな看板に一斉に移動していました。
　TPR とは total physical response の略です。ここでは，教師の問いに生徒が身体を動かして（歩いて）正解を伝えるという意味で使っています。

Step1　Agree or Disagree, True or False　　　　（5〜10分）

　黒板の左側に Agree or True，右側に Disagree or False と書いて教室を2分割します。教師が様々な質問をして，その問いに対する答えの場所に生徒を移動させます。単純に手を挙げさせるより，歩かせることで，より生徒を授業に巻き込ませることができます。大勢の生徒を一斉に大移動させるので，生徒は移動中に友達同士で相談しながら質問の内容や質問の答えを確認し合ったりすることができ，誰でも安心して参加できます。
　クイズの答えが少数派グループに分かれた時などは，その生徒の考えを引き出すチャンスです。

Step2　生徒がクイズの出題者　　　　（5〜10分）

　生徒に質問を考えさせれば，クイズの出題者になってもらうこともできます。難題を作ろうと教科書の隅々まで熟読して重箱の隅をつつくようなクイズを考え出す生徒もいます。このようにゲーム感覚で取り組みながら内容理解をさせると，生徒も楽しんで参加します。

教科書本文の内容理解・音読・読解の場面

36 評価を可視化する加算システム

> 4技能：Speaking◎ Writing　Reading　Listening◎ 時間：10分
> 形態：一斉
> 準備物：シール，柔らかくて安全でキャッチしやすいカラフルな野球ボールサイズのボールを10個程度

　教師が生徒に教科書の内容について様々な質問を投げかける時に，意欲的に手を挙げさせるための一手法として，手を挙げて答えた生徒にはボーナス点を与えるというものがあります。

Step1　シールゲーム　　　　　　　　　　　　　　　（5分）

　目に見えて評価されているのが分かる簡単な方法はシールゲームです。正解ごとに貰ったシールの累計個数を平常点に加算するシステムにすると，生徒は手を挙げてシールをもらいたがります。小学生や中学生はシールを貰えると喜ぶので効果的ですが，高校生くらいになるとあまりシールに興味がなくだんだんと飽きてくる傾向があります。また，わざわざ生徒の机まで歩いて行き，シールを貼る時間が少しもったいないと思います。

Step2　ボールゲーム　　　　　　　　　　　　　　　（5分）

　そこで，時間もかからず，更に高校生でも楽しんで取り組める活動がボールゲームです。これは，教師の質問に生徒が手を挙げて正解すれば，教卓から教師がボールを投げて生徒はキャッチするというものです。正解すればボールを教卓から生徒に向けて投げるだけなので，シールゲームのような移動する時間はかかりません。

　動機はシールやボールを手に入れて平常点を稼ぎたいというものだとしても，積極的に活動に参加し，盛り上がります。その結果，英語力がつくのでこちらのねらい通りです。授業後に生徒は自己評価シートにゲットしたボール分のボーナス点を書き加えて教師に返却します。

教科書本文の内容理解・音読・読解の場面

37 ランキングで主体的な学びを促す Rating activity

4技能：Speaking◎ Writing◎ Reading　Listening○　時間：20分
形態：一斉　準備物：2回目の授業で使う生徒のデータ

　ランキング形式で生徒に人気のある物を調査して，主体的な学習に繋げる方法を紹介します。ここでは，食文化をテーマに扱った授業の例を扱います。

Step1　好きな食べ物の具体例を調べる　　　　　　　　　　（10分）

　一斉指導で生徒の好きな日本食の名前を引き出します。ある程度アイデアが出たら，その中からベスト5を自分で考えさせて，その理由も一緒に書かせて提出させます。

Step2　ランキング形式の表から予想させる　　　　　　　　（10分）

　次回の授業では，前回の授業で集めたデータの結果の一部をスライドに提示します。日本食の名前が書かれた選択肢を見て，そのクラスでの生徒の順位付けをグループで話し合わせて予想させます。比較級を学習した後であれば，ランキング形式のディスカッションを通して，比較級を使用する必然性を自然と作りだせるので，特に効果的です。他にも，クラスの中で足が速い人や，英語が得意な人等，様々なテーマでランキング形式のディスカッションをさせることも可能です。

選択肢：[Takoyaki, Udon, Miso soup, Sushi, Soba]
ランキング表の例

生徒データ（予想）

Best 1	2	3	4	5
		Udon		

生徒データ（解答）

Best 1	2	3	4	5
Sushi	Miso soup	Udon	Soba	Takoyaki

文法指導の場面

38 スポーツ選手なりきり Interview 活動

4技能：Speaking◎ Writing　Reading　Listening◎　時間：15分～
形態：個人，ペア，一斉
準備物：有名人の顔写真，インタビューシート

　生徒はあらかじめ考えてきた自分が好きなスポーツ選手になりきります。誰になりきっているかを予想するスピーキング活動です。インタビューを通して文法（be 動詞と一般動詞の疑問文の受け答え方の違い）を定着させ，Accuracy を育てるねらいがあります。

Step1 前時の授業で応答例から質問文を予想させる　　　　（5分）

例：	（板書）	（生徒が考える予想質問文）
①	I'm from <u>Osaka</u>.	← Where <u>are</u> you from?
②	I play <u>soccer</u>.	← What kind of sports <u>do</u> you play?
③	I play for <u>Gamba Osaka</u>.	← What team <u>do</u> you play for?
④	I am <u>36</u> years old.	← How old <u>are</u> you?
⑤	Yes, I am a <u>man</u>.	← <u>Are</u> you a man?
⑥	I am good at making a lot of <u>penalty kicks</u>.	← What <u>are</u> you good at?
⑦	Yes, I have <u>two brothers</u>.	← <u>Do</u> you have any brothers?
⑧	He <u>plays soccer</u> too.	← What <u>does</u> your brother do?

Step2 Who am I?　　　　　　　　　　　　　　　　　　（1分）

　　S：Are you Mr. Endo?
　　T：Yes, I am Yasuhito Endo.

　前時の授業でモデルとして教師がある1人のスポーツ選手になりきったインタビューの例を見せます。最初にあらかじめ用意しておいたスポーツ選手の写真を裏返して黒板に貼ります。うっすらとシルエットが分かる程度の写真であれば，様々な予想が飛び交い，教室が活気づきます。次に，写真の周

りに①〜⑧の英文を板書し，「Here are my answers to 8 questions. What do you think the questions were?」と発問してペアで取り組ませます。下線部のみのキーワードを板書しておくと，難易度は上がります。正解が出たところでスポーツ選手の写真を表に向けて，なりきり自己紹介をします。その後，全体で質問文をもう一度確認し，リピートさせてbe動詞と一般動詞の疑問文の作り方を練習させます。

●指導上の留意点

　Q&Aの具体例を提示すると，その後のインタビュー活動ではここで学んだ表現を使えるのでスムーズになります。

Step3　本時の目標を伝える　　　　　　　　　　　　　（1分）

　・Collect information　・Ask about family　・Talk about yourself

　最初に本時の目標を再確認します。前回の授業で「私の例を参考に，好きなスポーツ選手について調べて英語でインタビューを受けられるように準備しておきましょう」と宿題をだしたので，確認のためにもう一度タスクの前にミッションを板書して本時の目標の共有を図ります。

Step4　Interview　　　　　　　　　　　　　　　　　（10分）

　写真を裏向けた状態で隣同士インタビューさせ，インタビューシートに聞き取った情報をメモさせます。「途中で相手が誰だか分かったとしても，正解は最後の質問を終えるまではいわないように」と指示をします。

●指導上の留意点

　Step1，2で学んだ表現を定着させるために，同じ手順でペアを変えて生徒全員に話す機会をたくさん作ります。

Step5　Not show and tell　　　　　　　　　　　　　（4分）

　代表者を1人黒板の前に来させ，写真を裏向けて黒板に貼らせます。他の生徒たちは，そのスポーツ選手の名前を当てるために一斉に質問をします。正解がでたら，その選手になりきった自己紹介をさせます。この活動は生徒の好奇心を惹くことができ，楽しみながら文法（be動詞と一般動詞の疑問文の受け答え方の違い）を定着させることができます。

文法指導の場面

39　気づきを促す文法指導

> 4技能：Speaking◎ Writing△ Reading○ Listening◎　時間：それぞれ5分〜20分程度　形態：個人，ペア，一斉
> 準備物：Step4のみ Authentic materials，Step3は生徒が準備

　コミュニケーション活動に文法指導を組み込んだ活動例を紹介します。特定の文法項目を意図的に組み込んで意思疎通させる状況を作り，生徒に使用させると，文法を理解しやすくなります。教師との対話や英文を読むといった意味のあるコンテクストの中で文法を使用させると，どのような状況でその文法事項が必要とされるのか，はっきりと生徒に示すことができます。

Step1　Gesture guessing game　　　　　（5分）

　教師がジェスチャーで何か手に物を持っていることを表し，その物を誰かにあげている動作をします。その物が何なのか生徒に想像させます。誰かに何かをプレゼントするという状況を設定しているので，身に付けさせたい文法事項（give something to somebody）が必要になり，自然と使えるように導くことができます。さらに，プレゼントしている理由を生徒に考えさせると，様々な珍解答が出て盛り上がります。

　　T：I am showing miming. I mime giving a woman something.
　　　 Please guess what I am giving.
　　SS：You are giving a bunch of roses to your wife.
　　T：Why am I giving her a bunch of roses?
　　SS：I think because today is her birthday.
　　T：Good guess.

　最初に教師がジェスチャーでやり方を示したので，次はペア同士で誰に何をプレゼントするのか，理由も考えさせて自由に取り組ませます。

Step2　Facial expression game　　　　　　　　（5分）

　教師の表情に注目させて，「〜のように見える You look 〜」構文を定着させる方法です。パターンプラクティスのように教師の表情を何回も変えて生徒にいろいろな表現を言わせます。ここでもその表情の理由を問うことで，即興的なスピーキング力を鍛える練習にもなります。

　　T：Look at my face. How do I look?
　　S S：You look sleepy.
　　T：Why do you think I am sleepy?
　　S S：Because you sat up late watching movies.
　　T：That's right.

Step3　ランキング調査（chapter3-37の発展編）　　（20分）

　比較級を扱ったレッスンではランキングを取り入れた自己表現活動を行います。生徒に自分が興味のある内容について自由に調べてこさせ，比較級を用いたプレゼンテーションをさせます。黒板にグラフを板書する生徒もいれば，画用紙にグラフや数値を書いて準備をしてくる生徒もいます。プレゼンテーション中に必ず「〜 is more popular than 〜」「the most popular 〜」「as popular as 〜」等の比較級や最上級を使う必然性が出てくるので，繰り返し比較級に触れる機会が多くなります。他の友達の情報は特に意欲的に聞きますし，背景知識があるテーマであれば理解しやすいので，どの生徒でも取り組めます。テーマ例：人気名前ランキング，テーマパーク来場者数ベスト３，ミュージックシングルランキングトップ５等。

Step4　ターゲット文法発見　　　　　　　　　　（5分）

　英文を読ませ，その日に学習させたい文法事項が何かを生徒に考えさせます。Authentic materials を準備して配布します。例：英語で書かれた美術館やアミューズメントパークのパンフレットなど。「The park is divided into 5 separate zones.」「This park is located in 〜」など，受動態が使われている英文がたくさん書かれている素材を読ませて，本時のターゲット文法が受動態であることに気づかせるようにします。

文法指導の場面

40 付箋を使った It is 〜（for 人）to… の構文定着活動

4技能：Speaking○ Writing◎ Reading○ Listening○ 時間：15分〜
形態：グループ，一斉 準備物：5色の付箋

　協働学習を通して構文を定着させる方法を紹介します。今回ターゲットになっている文法事項は It is 〜 for 人 to…という構文を扱います。生徒一人ひとりが参加でき，友達と協力しながら英文を作る活動なので，楽しみながら文法のトレーニングをすることができます。

Step1　付箋に思いついた単語を書かせる　　　　　　　　（3分）

T：I will break you into 5 groups and give you each a different color sticker such as yellow, pink, blue, green, and white. Yellow means adjective, pink means person, blue means action, green means when, and white means where. You will come up with any ideas and write them on the stickers.

　まず，付箋を用意して5人1グループに分けます。それぞれに別々の色の付箋を1枚だけ配布します。黄色の付箋が配布された生徒は「形容詞」，ピンク色の付箋には「名詞や目的格の代名詞などの人を表す言葉」，青色の付箋には「行動」，緑色の付箋には「時間」，白色の付箋には「場所を表す言葉」を書くように指示します。この後にカードを5枚合わせて1つの英文を作る活動をすることを伝えておくと，珍回答を狙った単語を書く生徒が現れたりして盛り上がります。

Step2　グループ内で英文作成　　　　　　　　　　　　（2分）

T：You will make groups of five with one student from each color group and show your cards to make a sentence.
EX：yellow = interesting, pink = me, blue = play soccer, green = after school, white = at the community center
"It is interesting for me to play soccer after school at the community

center." After they make a sentence read it aloud together.

　5人グループで一斉に付箋に書いたカードを見せて正しい英文になるように並び替え，声に出してグループ全員でその英文を読みあげます。

Step3 協働学習で思考力，判断力，表現力を伸ばす　　（1～5分）

T：Please write down the sentence that you create. Make sure the sentence makes sense. 1 point get if you can make a correct sentence. Find another group and do the same thing again.

　ハンドアウトに完成した英文を書かせ，文法的にも意味的にも問題なければ1ポイントあげます。別のグループとメンバーを交代して同じ手順で行います。

T：If the sentence doesn't make sense figure out what to <u>add</u> so that it does make sense.

EX："It is interesting for me to play soccer <u>on Monday</u> at the community center, <u>because I don't have to go to juku</u>."

　緑色の付箋に書かれた「月曜日」が文脈的におかしくなったので，即興的に下線部の英文を付け加えて意味が通る英文に変更した例です。このように考えさせることで生徒の思考力，判断力，表現力を伸ばせます。

Step4 全体で共有及びフィードバック　　　　　　　　（5分）

T：I will collect the handouts where you wrote down your created sentences. I will pick out some model sentences such as good or funny sentences and share with the class.

　数回行った後に提出させます。教師は確認し，おもしろい英文や珍解答をその場で発表します。次回の授業では添削した英文を生徒に返却します。最後に生徒の作品を少し紹介します。

It is stupid of Sebastian to watch TV in heaven tomorrow.
It is fun for Jun to play the guitar in front of the school on Sunday.

文法指導の場面

41 文法を意識したスピーキング活動
Finding a lie game

4技能：Speaking◎ Writing○ Reading△ Listening◎ 時間：20分～
形態：個人，グループ，一斉

　自己紹介や現在完了形や過去形の練習に使えるスピーキング活動です。自己紹介といえば一方的になりがちですが，簡単なクイズ形式にすると全員を巻き込んだインタラクションのあるスピーキング練習になります。準備物は特に何もなくても大丈夫ですが，事前に教師が体験した内容を表している写真を使用すると生徒はより集中して取り組みます。

Step1　教師の自己紹介2 Truth 1 lie　　　　　　　　　　（2分）

　自分がこれまでに体験した内容について3つ英語で紹介します。2つは本当のことを，1つは嘘の内容を入れます。生徒が興味関心を持ちそうな内容を嘘に入れておくと盛り上がります。明らかに嘘だとばれてしまう内容だとつまらないので，微妙なところを上手く表現するのがポイントです。

T：I'm going to say two truth stories about myself and one lie. Please guess which one is a lie. Put up your one finger showing that you think NO1 is a lie. Put up your two fingers showing that you think NO2 is a lie. Put up your three fingers showing that you think NO3 is a lie.

例1：No1：I have gone bungee jumping before.
　　　No2：I have been to India.
　　　No3：I have appeared in the newspaper.

例2：No1：I went to Osaka last summer and had Takoyaki a lot.
　　　No2：I went surfing yesterday.
　　　No3：I met Takuya Kimura on the beach five years ago.

Step2　嘘はどれだ？　　　　　　　　　　　　　　　　（2分）
　この3つの中から嘘を見抜き，その番号を当てる活動です。教師が「Please guess which one is a lie. Why do you think so?」と発問して，ペアで取り組ませます。その後全体に発問し，生徒の指を上げさせます。友達の予想と自分の予想が大体同じか違っていたか確認し終えたところを見計らって，正解の番号と嘘の英文を言います。

Step3　体験説明　　　　　　　　　　　　　　　　　　（1分）
　正解を言った後に，本当に経験した2つの体験談を具体的に紹介します。

Step4　生徒が自分の体験談を考える　　　　　　　　　（5分）
　生徒が実際に自分のことについて考える時間です。これまでの教師の例を参考に，生徒一人ひとりが自分の経験談を2つと嘘の体験談を1つ考えます。スローラーナーへの支援として，ノートに書いてもOKにして，教師が机間指導しながら生徒が書けているか確認します。

Step5　グループワークで伝え合う　　　　　　　　　　（5分）
　4人1グループを作り，1人ずつ順番に体験談を話させます。「ノートに体験談を書いていた生徒も，原稿は読まずにアイコンタクトをとりながら伝えるように発表しましょう」と指示をします。

Step6　グループの代表者1人が全体に発表する　　　　（5分）
　予想が難しかった体験談や面白い体験談を語ってくれた友達を代表者として選出し，クラス全体に向けて発表してもらいます。

●指導上の留意点
　Controlled and Free　現在完了形や過去形の練習をさせることが目的であれば，文法形式は教師が設定します（Controlled）。話す内容は生徒が自分で自由に考えます（Free）。最初の自己紹介だけであれば，形式や内容も自由に生徒に考えさせます（Free）。

This chapter covers material developed by Anita MacKay.

> 文法指導の場面

42　ジグソー法によるターゲット文法の定着活動

> 4技能：Speaking◎ Writing◎ Reading△ Listening◎　時間：20分
> 形態：グループ，一斉
> 準備物：写真，穴埋めのハンドアウト

　心理学者エドワード・L デシが構築した自己決定理論 SDT（self determination theory）に基づいたアクティブ・ラーニング型の自己表現活動を紹介します。内発的心理学的欲求の3種類・有能感（Competence）・自律性（Autonomy）・関係性（Relatedness）を取り入れ，ターゲット文法の定着を目指します。

Step1　準備　　　　　　　　　　　　　　　　　　　　　　　　（2分）

　教室の壁に8枚の写真を貼り付けておきます。8枚の写真の下にはその写真に関する簡単な情報が書かれています。

(picture A)

　picture A の例であれば，This picture was painted in (1876). It is called ("La japonaise") painted by the (French artist), (Claude Monet).
　生徒一人ひとりに8枚の絵とその情報を記入させるために英文の一部分が空所になっているハンドアウトを1枚配布します。
ハンドアウト例：例えば上の picture A の例であれば，This picture was painted in (　　). It is called ("　　　　　") painted by the (　　　　), (　　　　　). I like it because (　　　　　).

Step2　自己決定（SDT の自律性）　　　　　　　　　　　　　　（3分）

　4人グループを作り，生徒一人ひとりに気に入った写真を自由に選択させます。教科書に載っている絵や教師が勝手に決めるのではなく，いくつか絵を用意しておいて，その中から生徒が興味を持った絵を選べるようにすることがポイントです。グループ数よりも多めの写真を用意しておくと，同じ絵

ばかりでなく，それぞれ別々の絵を選ぶ可能性が高くなりこの後のインフォメーションギャップの活動が盛り上がります。

Step3　情報収集＋アイデア交換（SDTの関係性）　　　（5分）

　ハンドアウトと鉛筆を持って，自分が選択した絵とその情報が書かれている場所に歩いていき，情報を記入します。その場所には自分と同じようにその絵に興味を持ち，自分で選択した生徒たちが集まっています（エキスパートグループ）。それぞれメモを書き終えたら，その場で I like it because ～を使ってその絵が好きな理由を言い合います。集まっている人数にもよりますが，3人以上英語で意見交換し終えたら自分の席に戻らせます。

Step4　絵の紹介（SDTの有能感）　　　　　　　　　　（5分）

　元の4人グループに戻り，絵の情報と自分が好きな理由を順番に紹介させます。エキスパートグループで練習してきているので，自信を持って取り組めます。

Useful expressions :　・I chose picture ～　　・This picture was painted in ～　　・It is called ～　　painted by the ～　　・I like it because ～

その後，代表者を決めて全体に向けて聞き取った友達の情報を発表してもらいます。発表する内容は，She/he chose picture (A). She/he likes it because (　　　)のみに限定して自己表現の理由を紹介させます。

Step5　ターゲット文法を含む情報をディクテーション　（5分）

　Step4時に，情報をただ単に聞くだけではなく，自己表現やターゲット文法を含む英文のみをディクテーションさせ，リスニングやライティングの練習をさせます。好きな理由に，後置修飾の分詞表現を入れた例：I like it because she is wearing a kimono <u>painted</u> ukiyoe print. I like her wide-open eyes <u>gazing</u> at us.

自己表現活動の場面

43 グループで創作する英語スキット（劇）

4技能：Speaking◎ Writing◎ Reading○ Listening◎ 時間：5時間
形態：グループ，一斉
準備物：生徒が英語劇で使うもの全て準備する

　自己表現活動の応用として，ある程度長さのある英文を考えさせ，発表させる1つの方法がスキットです。スピーチやプレゼンテーションではなく，グループで協力してオリジナルな長編作品に取り組ませます。

Step1　テーマ決め　　　　　　　　　　　　　　　　（5分）

　スキットを成功させるために重要なものの1つがテーマ決めです。テーマはスキットを実施する時期に応じてタイムリーなものを選ぶと取り組みやすいと思います。最初は教師が考え，次回からは生徒に考えさせるとより主体的に取り組ませることができます。例えば，ハロウィーンが近づいてきた2学期の半ば頃であれば，spooky skit というテーマで英語劇を計画します。

Step2　本番までの道　　　　　　　　　　　　　　（4時間）

　生徒を4，5人の1グループに分けて，配役決めから，シナリオ作成まで考えさせます。台本を考えるにあたってはグループで協力して知恵を出し合い，何度も書き直させます。この過程を経て生徒はグループで協力しながら英語の表現を学び合います。

ルール：5時間分の授業で実施
・劇の時間は5分程度
・台本作成の時間は3時間（教師チェックも含む）
・台本の読み合わせからリハーサルは1時間・英語劇本番1時間
・台詞の量は均等
・人任せにしない（役割分担）

Step3　英語劇発表　　　　　　　　　　　　　　　　（1時間）

　もし可能であれば，発表は普段の教室ではなく，舞台のある多目的教室や体育館など広い場所で行った方がより臨場感も出て盛り上がります。劇の内容によってはカツラやサングラス，マントやネクタイなどの小物も持参してもOKにします。また，スポットライトやマイク，CDなどの音響も使用するとより本格的な英語劇になります。このような準備は時間もかかりますが，当日は発表者だけでなく，他の生徒も自分たちの発表の順番を待っている間は演劇を鑑賞しに来た観客として楽しめます。

Step4　感想　　　　　　　　　　　　　　　　　　　（15分）

　最初にこの活動を提案した時，生徒の反応はあまり乗り気ではありませんでした。生徒からは「正直言って難しそう，恥ずかしい」といった声も聞こえてきました。しかし，いったん台本作成に取りかかり始めると，楽しみながら辞書を引き，友達とアイデアを出し合い，順調に進んでいく姿を見ることができました。

　最後に英語劇後に感想文を書いてもらいました。その中から生徒のコメントをいくつか紹介します。生徒のコメントには，「緊張して足ががくがく震え，台詞も飛んでしまい，かなり焦りました。でも，多くの人の前で英語劇をすることができた自分を誇りに思います」また，「楽しかったです！！次はクリスマスをテーマに是非やりましょう！」さらには，「自分はあまり上手にできなくて，たくさん友達に助けてもらった」などと前向きなコメントが多くありました。この活動を通して，生徒は自分1人では英語で表現することが難しかった台詞も，友達同士で協力しながら楽しく作成することができたようです。

This chapter covers material developed by Dane Degenhardt.

自己表現活動の場面

44　サイコロを使った自己表現活動 Story cubes

> 4技能：Speaking◎ Writing　Reading　Listening◎　時間：20分
> 形態：グループ
> 準備物：必要な絵などをサイコロに貼り，グループ数分のサイコロを準備。

　サイコロを使ったグループで取り組む，即興的なスピーキング力の育成をねらった活動を紹介します。

Step1　サイコロの絵を使った即興スピーチ　　　　　　　　（10分）

　あらかじめサイコロのそれぞれの面に別々の絵が描かれているものを準備します。例えば，サーフィンの絵を一面に貼り，また別の一面にはスケートボードの絵を貼り，また別の一面には釣りをしている絵を貼る等します。サイコロによってスポーツや食べ物等ジャンルを変えて，グループごとに別々のサイコロを渡すと，繰り返し使えます。

　グループ内で順番に1人ずつサイコロを振らせ，出た面の絵について即興でストーリーを作らせます。例えば，サーフィンの絵が出た場合は，「先週の日曜日に千葉県の九十九里浜に行ってサーフィンをしてきました。2020年のオリンピック種目に正式に追加決定されたおかげで，最近は特にとても人気があります」このように自分の体験談を話します。未経験の場合は，知識を振り絞って話を創造させます。最初は1，2文程度の自己表現から始め，回数を増やすにつれて長めのストーリー作成にも挑戦させます。

Step2　教科書の単語を使った即興スピーチ　　　　　　　　（10分）

　サイコロの6面の数字に合わせて，黒板に1～6までの数字を板書します。それぞれの番号の横に教科書で習った単語を書き，その単語を使ったオリジナルストーリーをその場で言わせるといった方法も考えられます。

自己表現活動の場面

45 ターゲットワードを用いた自己表現活動

4技能：Speaking◎ Writing◎ Reading△ Listening◎ 時間：25分
形態：個人，ペア，一斉 準備物：語彙シート

　教師が一方的に教科書の内容を教え，語句を覚えさせるだけでは，生徒は受け身になりがちです。主体的に語彙学習をさせるためには，新しく覚えた語句を実際に使わせる必要があります。

Step1　ターゲット語彙を使った英作文　　　　　　　　　（10分）

　本文中に使用されていた重要な熟語や構文等を使って，自分の言葉で別の使用例を書かせてペアで発表させます。生徒のオリジナルな英文なので，一人ひとり違った個性が現れ，聞く側の生徒にとっても興味深く，参考になります。他の生徒が作成した熟語や構文を用いた文を聞くことは，ターゲットとなる語句や構文を繰り返しインプットすることになるので，より定着します。生徒は身近なことについて考えて，友達や先生の名前を用いたり，好きなアーティストや食べ物等を盛り込んだりすることで，楽しみながら例文を作成します。

　友達同士での例文紹介活動は，使用例を間違えていたり，なかなか書けなかったりする生徒もいます。しかし，他の友達の例文を聞いて参考にしながら自分の例文を修正していきます。書き終えたら提出させて添削して返却します。

so far	Have you been to China so far? (ever)
make use of ~	Solar panels makes use of solar soils.
in relation to ~	He changed his behave behavior in relation to handycapped people.
be connected to ~	Romo was connected to Juliet Romeo　　　by the power of love.
~ on the one hand (and) … on the other	My father is Chinese, and my mother is French. I speak Chinese on the one hand, and I speak French mother on the other

Step2　ペアで語彙クイズ　　　　　　　　　　　　　　　　　（5分）

　予習として意味が分からなかった単語の定義を調べてこさせます。更にその中からその単語を使った例文を２つ考えさせて，その単語の部分は空所のままノートに記入させます。そうすると，次回の授業でその単語を言い当てるクイズとして利用できます。

意味が分からなかった語彙：enable「Ineibl」verb　音節 en・a・ble
定義：to make it possible for somebody to do something
その語彙を用いた例文：Practice（　　　）us to do better.
　　　　　　　　　　：The Wi-fi（　　　）you to access the Internet in seconds.

Step3　発展的語彙学習　　　　　　　　　　　　　　　　　（10分）

This Step3 covers material developed by Dane Degenhardt.

　教科書以外での語彙力増強の方法に，生徒が毎時間１人ずつ英単語の紹介を英語で行う活動があります。家庭学習では教科書以外の英語の本や記事を読ませ，多読を推奨します。読んでいる時に，興味を持った単語やおもしろいと思った単語をノートにまとめさせます。語彙紹介の方法は以下の通りです。まず最初に語彙を紹介し，語彙の出典を言い，語彙のスペリングを友達に質問します。その言葉の意味とその言葉が使われていた文章を引用し，その語彙を使って発表者自身が例文を作成して紹介します。次に発表者が他の生徒を指名し，その単語を使った英文を即席で口頭発表させます。

　発表中に文法的誤りや音声的誤りが見つかった場合は，その場ですぐにフィードバックを与えて訂正させます。これを続けると，リスニングのみで理解し（思考力），正しい品詞と用法を判断しながら英文を考えて作成し（判断力），即興で自分の言葉で表現する力（表現力）が身に付きます。

> 自己表現活動の場面

46 Persuasive Speech のための Persuasive Writing

4技能：Speaking◎ Writing◎ Reading○ Listening○ 時間：20分（家庭学習時間は含まない）形態：グループ，一斉
準備物：教科書の題材に関連した応用的な質問（トピック）を用意。

　説得力のあるスピーチをすることを目標に，グループで協力して原稿を作成します。教科書で扱ったトピックについて調べさせ，発展的な学習を促します。

Step1 Persuasive Speech のためのトピック選びとルール（10分）

　3人グループを13班作ります。1グループのみ4人構成になります。生徒数が40人の場合はグループ数に合わせて13個の質問を事前に考えます。グループリーダーにくじ引きでトピックが書かれた紙を1枚引かせます。

　教科書で健康について扱った時のトピック例：
What do you think about "passive smoking"?
T : In groups of three your task is to come up with a persuasive speech on the topic assigned to your group. You must include at least one example of ALL of the persuasive techniques such as
　・Persuasive language-emotive, positive, negative, strong etc.
　・Rhetorical question　・Facts　・Data

Step2 Persuasive Writing のためのルールと原稿作成　（10分）
T : Plan your speech so it has a beginning an introduction, one body paragraph and a conclusion. Use TEEL to keep your paragraphs organized.
T = topic sentence, E = example, E = evidence, L = link
　グループ内で intro, body, conclusion のどの部分を担当するか役割を決定させます（責任感）。段落構成を考えるためには，グループ全員で協力して考えなければいけません（協働的学習）。

> 自己表現活動の場面

47　ペア・グループで行う Build Up Discussion

> 4技能：Speaking◎ Writing　Reading　Listening◎　時間：15分〜
> 形態：ペア，グループ，一斉

　英語で Discussion させる時に，スモールステップの段階を踏んで，まずは個人の考えをペアで共有し，次に4人グループで伝え合わせます。そしてグループリーダー以外を別のグループに移動させ，アイデアを共有しながら考えを深めていく方法です。

具体例

　Discussion：教科書のテーマ「フランスにおける日本文化について」を扱った時の Build Up Discussion 例を紹介します。教科書の題材が，フランスにおける日本文化についての記事なので，次のように指示してペアで取り組ませます。

T：Think of an example of where to find "examples of French culture in Japan". Work in pairs. Discuss your answer with your partner. Give examples.

Step1　ペアでブレインストーミング　　　　　　　　　　（2分）

　生徒個人で考えさせてしまうと，沈黙の時間が長くなり，アイデアが浮かばない生徒にとっては苦痛の時間になってしまいます。最初からペアで思いつく限りのアイデアをお互いに出し合わせるほうが色々な意見が出やすくなります。または，最初の1分は個人で考え，残り1分はペアで共有させる方法もあります。

　Useful expressions を板書しておくと，ペアでの会話がスムーズになります。

例：What do you think? For example… We can see… There are…

Step2　4人グループでペアの考えをシェア　　　　　　　（2分）

　4人グループを作り，ペアで出し合った内容を共有します。T：Join

another pair to make a group of four. Share your ideas with your new partners. と指示してグループで取り組ませます。次に，グループの考えをまとめ，リーダーを決めるように指示をします。
Useful expressions : What did you think? Our opinions are... We said that...

Step3　グループ移動　　　　　　　　　　　　　　　　　（2分）

　グループでの意見がまとまった頃を見計らって，リーダー以外を別のグループに移動させます。まず最初に新しいグループリーダーから前のグループで話し合った意見を要約してもらいます。その意見に付け加える形で他のメンバーも意見を出し合います。次にリーダーを変え，同様にグループ移動を繰り返しながらアイデアを深めていきます。4回行うと全員がリーダーを経験できます。適当にディスカッションをしていたら，リーダーが恥をかいてしまうし，恥をかかせてしまったらその班のメンバー全員の連帯責任になってしまいます。そうさせないためにも，後で発表の時間があるということをStep1の段階で全員に伝えておく必要があります。
Useful expressions : What do most people think? In our group, we said....

Step4　グループリーダー全体発表　　　　　　　　　　　（5分）

　最初のグループに戻るように指示します。班員4人の意見をまとめ，リーダーが発表します。リーダーの意見というのは，その班の意見であって，そのリーダー個人の意見ではありません。グループの意見を全体に伝えることは，個人の意見を伝えるより心理的不安は少なくなります。生徒が時々「○○と誰々が言ってたよ」とか，「先生が○○と言ってたけれど，どうする」のように話をしているのを見かけます。人の意見であれば，その意見がたとえ受け入れられなかったとしてもあまり気にならないからでしょう。
　「グループの意見をリーダーが代わりに伝える」。ちょっとしたことですが，発表する生徒にとっては気になるポイントです。

自己表現活動の場面

48　身近なものを題材にした自己表現活動

4技能：Speaking◎ Writing◎ Reading　Listening◎　時間：60分
形態：個人，グループ，一斉

　自己表現活動をさせる時に，自己表現させる内容やテーマを生徒にとって身近なものとして捉えさせることが重要です。これまでの体験や知識があれば，伝える内容はだいたい決まっているので，取り組みやすいと思います。ここでは，食文化について教科書で扱った時の授業を例に紹介します。

Step1　自分の好きな食べ物をチョイス　　　　　　　　　　（5分）
　自分の好きな食べ物を1つ選び，その名前と絵と説明文を3行書かせます。

Step2　ミニプレゼンテーション　　　　　　　　　　　　（10分）
　グループ内で発表します。食べ物の名前と絵は隠した状態で3文説明し，他のメンバーはその食べ物が何かを言い当てます。ミニプレゼンでは単純に3文紹介するだけでなく，インタラクティブに質問を織り交ぜ，ディスカッションさせます。例えばハンバーガーを言い当てた後に，ハンバーガーの具材がないバンズの絵だけを描いて，「What do you want to put?」や「What ingredients would you like to add?」等意見交換させます。

Step3　40秒CM作成　　　　　　　　　　　　　　　　（15分）
　グループメンバーの発表が全員終われば，その中からメニューをどれか1つだけ選び，班内でアイデアを発展させたオリジナルメニューを提案させ，CM作成のようにその商品をアピールさせます。
　最初個人で取り組んだ際は，考えやすいようにグループメンバーに向けて3文だけの説明に限定しました。しかし，全体に向けてのCM発表ではグループ内での協働学習を推奨し，説得力のあるプレゼンができるように考えさせます。そのためには積極的なディスカッションが必要不可欠です。最後に完成版の絵を描き，全体に向けて40秒でプレゼンテーションさせます。グループメンバーが4人なので，1人につき10秒を割り振り，テンポよく

繋げて言えるように練習させます。The all natural, juicy, healthy, sizzling などのキーワードをフリップボードとして使用し，視覚的に訴えると語彙力 up も期待できます。

Step4　学校給食のメニュー決め　　　　　　　　　　　（15分）

　もっとも生徒にとって身近であり，考えさせるのに効果的な食文化に関するテーマは学校給食です。多くの生徒が小学校や中学校で経験してきているだけに，アイデアが豊富だからです。"Let's make a menu of a school lunch you want to eat." というテーマで理想的なメニューをグループで考えさせます。

Step5　ミニオーディション　　　　　　　　　　　　　（15分）

　グループワークが終われば全体でのプレゼンテーションです。ここでは，どのグループの学校給食が一番魅力的だったかを多数決で決定します。最初に学校給食の問題点を全体のリスナーに向けて問い，その問題点（bad taste, cold food, leftover 等）を解決できるビュッフェスタイルの給食メニューを発表していたグループもありました。他にも，AプランBプランと２つ用意して「どちらの給食を食べたいですか？」と問い，挙手させてリスナーとインタラクティブに発表しているグループもありました。

ZPD

　1人ではできなかったことが，他の人の助けがあればできるようになる領域のことを ZPD と言います。すなわち1人では考えつかなかった内容や理解できなかったことが，他者との協働学習を通して理解が促進され，アイデアが深まることを意味しています。このレッスンでも，協働学習を通して，様々な考えや英語表現を学んでいることが分かります。

ZPD の定義：The zone of proximal development (ZPD) has been defined as: "the distance between the actual developmental level as determined by independent problem solving and the level of potential development as determined through problem solving under adult guidance, or in collaboration with more capable peers" (Vygotsky, 1978, p.86)

自己表現活動の場面

49　5 Step ロールプレイング

4技能：Speaking◎ Writing　Reading　Listening◎ 時間：50分〜
形態：ペア，グループ，一斉
準備物：観光パンフレットや情報誌，役割ごとのハンドアウト等

　Authentic materials を用いて役割と場面設定を与えたロールプレイング活動です。Fluency や即興的なスピーキング力の向上に繋がります。

Step1　Brainstorming　　　　　　　　　　　　　　　（10分）

　例：場面設定と役割「オーストラリアの観光案内所係と旅行客」
　ロールプレイングで扱う役割と状況を説明します。最初は個人でロールプレイングの時に使えそうな語彙や表現を思い出して付箋に書かせます。次にペアで付箋に書いた表現を共有します。最後に4人グループを作り，持ち寄った語彙や表現をそれぞれカテゴリー分けします。準備したＡ3程度の大きさの用紙に分類した付箋を貼らせます。

Step2　Collecting Information　　　　　　　　　　（10分）

　生徒にとって身近なテーマであれば，情報収集する必要はありませんが，今回のような「オーストラリアの観光案内」がテーマとなると，オーストラリアについての背景知識がない生徒にとっては英語以前に日本語ですら説明することができないかもしれません。そこで，教室に観光パンフレットや情報誌などを持ち込み，自分だったらどこに行きたいか等想像させながらお勧めスポットを選ばせます。英語で書かれた Authentic materials であれば生徒の興味関心は高まります。Authentic materials を用意するのが難しい場合は，観光地の写真をインターネットから集め，その写真を表しているキーワードを書いて配布します（別紙3参照）。オプションとして生徒にオリジナル観光スポットを自由に創造させるコーナーを用意しておくと盛り上がります。例：Sydney Disney land や Universal Studio Sydney や Australian food tour など。

Step3　Information Sharing　　　　　　　　　　（10分）

　4人グループを作り，自分達が集めた観光地の情報を交換させます。キーワードや英語での説明の仕方等もここでしっかりと確認させます。

Step4　Preparation　　　　　　　　　　　　　　（5分）

　Traveler と Staff の役割を列ごとに決めます。それぞれの役割に応じたハンドアウトを配布し，イメージを膨らませます（別紙1，2参照）。ロールプレイングで使用できそうな言語表現（useful expressions）を確認し，練習させます。目的に応じてルールを決める場合もあります。意思の伝達にフォーカスさせたいのであれば，何もルールは決めずに生徒が知っている英語表現を自由に使ってロールプレイングさせます。定着させたい文法表現や語彙などを確認したい場合は，ロールプレイング中に使用することをルール（You have to use…）として決めておきます。

　教室の世界を飛び出して実生活の場面を設定して行うロールプレイング活動は，与えられたタスクを達成するために英語をたくさん使用させるので，fluency を向上させることができます。

Step5　Role play　　　　　　　　　　　　　　（15分）

　実際にロールプレイングをさせる時は，Step3の時にグループ内で情報共有をしているので，別のグループの生徒とペアを組ませます。スタッフと観光客それぞれ両方の役割を練習させたいので，ペア役割も何度も交代させます。

　ロールプレイング後のフィードバックは文法的誤りを訂正するよりは，内容的に良かった点や改善点を具体的に伝えてあげると，モチベーション高く取り組みます。

●指導上の留意点

　場面設定と役割分担以外は具体的なスクリプトや原稿等は用意させないので，お互いに相手が何を言うのか分かりません。この Information gap が目的やタスクを明確化させます。生徒のレベルに応じて，チャレンジングな内容や簡単なタスク等言語活動を広げさせることもできます。

別紙1　Role Play

You are going to role-play a situation in a tourist information center in Australia.

A　traveler :
You need to decide the hot spots to take pictures.

・You are visiting Australia.
・You are at a tourist information center in Australia.
・You don't know where to take pictures, so <u>you ask the staff for help choosing some hot spots to take pictures.</u>

You have to use;

● <u>Could you [give/show/] me ～ ?</u>

● <u>It looks ～</u>

Useful expressions :
・Could you recommend some hot spots to take pictures?
・I am interested in ( ).　・I like ( ).　・Is it far?
・Sounds good.　・Oh, that's lovely.　・Actually, I am not really into ( ).

別紙2 Role Play

You are going to role-play a situation in a tourist information center in Australia.

Staff

B tourist information center staff:
You need to suggest the best places to take pictures in Australia.

- You work in a tourist information center.
- A traveler comes in and asks for help choosing a hot spot to take pictures.
- Try to suggest <u>one place to take pictures</u> in Australia and <u>a special tour</u>.

You have to use;

- **<u>Let me show you some pictures.</u>**
- **<u>Also, we have a special tour.</u>**

Useful expressions :
- What do you like? · Do you like….?, · How about….?
- You can/should……   · One of <u>the best</u> sites to photograph is….
- (　) is one of Australia's most famous icons. · The view is very (　).
- Have a nice day

Chapter 3 アクティブ・ラーニングが成功する場面別活動アイデア 153

別紙3

Opera House
- World Heritage Site
- beautiful harbor
- shells
- the most famous buildings

Harbour Bridge
- the world's largest steel bridge
- 134 meters
- walk across

Beaches
- Bondi Beach
- 15-minute drive
- café's and surfers
- Take a walk
- fantastic ocean views

Sydney Tower
- the city's tallest buildings
- a glass-floor
- views of Sydney

SPECIAL TOUR
· choose your own!

自己表現活動の場面

50　5 Points Rotation

4技能：Speaking◎ Writing○ Reading○ Listening◎　時間：50分
形態：グループ　準備物：ハンドアウト

　グループディスカッションをアクティブにするための仕掛けとしてグループメンバーを短時間で何度も交代させ，4技能をバランスよく育成します。

Step1　グループローテーション　　　　　　　　　　（8分×5回）

　40人クラスの場合，最初に5人グループを8個作り，その中で，1人ずつ1～5までの番号を友達と同じにならないように決めさせます（下の図を参照）。

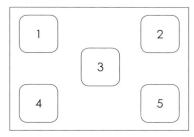

　このFollow up discussionは単元のまとめの活動です。例えばトピックがスポーツであれば，オリンピックについて考えさせます。グループごとに8分間でディスカッションさせ，時間がきたらそのグループ内で再度好きな番号を決めさせ，自分が選んだ番号のテーブルに移動させます。同様の手順を8分ごとに5回繰り返すと，いろいろな友達とディスカッションできる機会が持てます。スムーズに話し合いを進めるために，ハンドアウトを用意します（次頁参照）。

Step2　情報交換タイム　　　　　　　　　　　　　　　　（10分）

　最後に元のグループに戻り，それまでのディスカッションでたくさん得てきた情報を交換させます。何度もメンバーチェンジを繰り返すので，飽きることなくテーマについての意見交換ができ，深い学びが期待できます。

What can Tokyo learn from the Rio Olympics?

· What were some issues of the Rio Olympics?

Good points	Bad points

· What might cause the problems in Tokyo?

· How can we solve the problems?

コラム

教師がアクティブ・ラーナーになる

　ここでは「アクティブ・ラーナー」を何事にも積極的に取り組み，学び続ける人と定義します。そのようにモチベーション高く維持し続けるためには，興味関心をもち，目標を高く掲げて共有し，失敗や成功を繰り返し，達成感をおぼえ，自己肯定感を育むことが大切です。

モデルであり続けるために

　生徒にとって目の前の英語教師は指導者かつ最も身近な英語使用者であるだけでなく，憧れられる存在でありつづけなければならないと私は考えています。例えば，女子高生が好きな雑誌のカリスマモデルの写真を見て，同じような服や髪型をして可愛くなりたいと憧れているのと同じように，教師が話す発音を聞かせたりALTと英語で堂々とやりとりしている姿を見せたりして，同じように英語でコミュニケーションをとれるようになりたいと憧れさせることが大切です。そのためには常に教師自身が自己研鑽し，指導力，英語力を磨き続けることは言うまでもありません。

指導者がアクティブ・ラーナーになる

　振り返ってみると10年前に初めてサッカー部の顧問として高校生を指導する立場になった時の私はアクティブ・ラーナーであったと思います。がむしゃらに練習メニューや体幹トレーニングなどのサッカーに関する指導書を読み，試行錯誤を繰り返しながら部員と一緒に練習し，審判だけでなく練習試合にも選手に混じって出場していました。当時のキャプテンの言葉を今でも鮮明に覚えています。「先生は監督としての経験は浅いけど，誰よりも熱心に練習メニューを考えて常に一緒に頑張っているのがひしひしと伝わってきます！なので，先生の期待に応えられるようにもっと頑張ります！」

　初任者や経験が浅いからといって何も怖気づくことはないと思います。生徒と一緒に学び続けることができる教師の伸びしろは無限大です。

あとがき

　アクティブ・ラーニングとは，単なる言語活動の充実や形式的に対話型を取り入れた授業の方法や技術ではなく，授業改善の考え方として捉え，生徒の主体的・能動的な学びの過程が実現できることが必要です。そのためには，「何を知っているか」だけではなく，「知っている英語表現や情報を使ってどのように友達とかかわり，理解を深めていくか」が重要です。こうした学びを経験しながら将来，社会や世界とかかわり，よりよい人生を送れるような資質・能力を身に付けていくことができるようにすることが教師の務めだと私は考えています。どのような方法を用いようと，お互いに認め合う関係ができていれば，発想力は鍛えられ，安心感や自己肯定感が育まれます。しかし，やりっぱなし，させっぱなしでは深い学びは実現できません。そこには，授業担当者の教師がしっかりとした意図や目的をもって指導することが必要不可欠です。

　最後になりましたが，本書を世に送り出してくださいました明治図書編集部の木山麻衣子氏には心より感謝いたします。そしてこの本を手にとってお読みくださったみなさまにも厚く御礼申し上げます。内容面に関しては，東京都立千早高等学校や東京都立白鷗高等学校で筆者の英語授業を受けた生徒たちや外国人講師である Anita MacKay や Dane Degenhardt にも感謝の言葉を述べたいと思います。Thank you very much! 明星大学通信教育部の学生たちや，教師道場，研究員，開発委員の現場の先生方との授業でのインタラクションからひらめいたこともたくさんあります。さらに東京都立白鷗高等学校附属中学校の10期生である3年生の真面目に頑張っている姿が筆者の信念を確信に変え，自信を与えてくれています。

　私を育ててくれた両親・博之と潤子，「趣味は授業。地上最強の英語教師になるのが夢だ！」と言っている私を支え続けてくれる妻・千恵に，この場を借りて心より感謝の意を表したいと思います。

2017年1月　　　　　　　　　　　　　　　　　　　　　　　　小林　翔

【著者紹介】

小林　翔（こばやし　しょう）

　東京都立白鷗高等学校主任教諭。1983年大阪府生まれ。関西外国語大学外国語学部卒業。関西大学大学院修了（外国語教育学修士）。東京都立千早高等学校を経て現職。専門は英語授業実践学。大学院時代は，On the Orders of Presenting Keywords to Improve Students' Ability of Listening について研究する一方，『英語発音の達人ワークアウト：English あいうえお』に出演。千早高等学校では，SELHi（Super English Language High School）研究事業に従事。東京教師道場外国語高等学校部員，教育研究員，研究開発委員を経て，現在は東京教師道場外国語高等学校リーダー，文部科学省委託事業英語教育推進リーダーとして中核となる高等学校の英語担当教員の中央研修や授業・評価の改善のための指導・助言を行っている。その他にも認定講師として教員研修プログラムやセミナーの講師も務めている。共著書に『英語授業の心・技・愛―小・中・高・大で変わらないこと―』（研究社）がある。受賞歴に第26回（平成25年度）英検研究助成・実践部門入賞「生徒の自己発音モニタリングが正確な発音の定着に与える効果」。第65回読売教育賞外国語・異文化理解部門優秀賞受賞「4技能統合型のアクティブ・ラーニングで全員がわかる授業への挑戦～主体的・協働的な授業実践とその効果～」。

E-mail: sho_kobayashi2002@yahoo.co.jp

高校英語のアクティブ・ラーニング
成功する指導技術＆4技能統合型活動アイデア50

2017年2月初版第1刷刊	Ⓒ著　者	小　　林　　　　翔
	発行者	藤　原　光　政
	発行所	明治図書出版株式会社

http://www.meijitosho.co.jp
（企画）木山麻衣子（校正）奥野仁美
〒114-0023　東京都北区滝野川7-46-1
振替00160-5-151318　電話03（5907）6702
ご注文窓口　電話03（5907）6668

＊検印省略　　組版所　共　同　印　刷　株　式　会　社

本書の無断コピーは，著作権・出版権にふれます。ご注意ください。

Printed in Japan　　　　ISBN978-4-18-245421-9
もれなくクーポンがもらえる！読者アンケートはこちらから →

高校教師のための
学級経営
365日のパーフェクトガイド
できる教師になる！3年間の超仕事術

上山 晋平 著
1830・A5判・本体1,900円＋税

**生徒とのよりよい関係を築く
高校学級担任の仕事術とは？**

新年度準備、学級開き、生徒指導、行事指導、大学入試の進路指導、入学式・卒業式、保護者との連携まで、3年間の高校学級担任の仕事すべてを網羅し、手順・ポイントとともにまとめました。具体的で役立つ実物資料、感動のホームルームや卒業式の実録シナリオも収録！

目指せ！英語授業の達人33

授業が変わる！
英語教師のための
アクティブ・ラーニング
ガイドブック

上山 晋平 著
2342・B5判・本体2,100円＋税

**習得・活用型アクティブ・ラーニングの
言語活動例が満載！**

英語教師が知っておきたいアクティブ・ラーニングの様々な理論から、ＡＬ型授業の環境づくり、授業モデル、家庭学習指導、評価・テスト、他教科との連携まで、習得・活用・探究のプロセスを考えたアクティブ・ラーニング型英語授業づくりのすべてがわかる1冊です！

明治図書　携帯・スマートフォンからは　明治図書ONLINEへ　書籍の検索、注文ができます。▶▶▶
http://www.meijitosho.co.jp　＊併記4桁の図書番号（英数字）でHP、携帯での検索・注文が簡単に行えます。
〒114-0023　東京都北区滝野川7-46-1　ご注文窓口　TEL 03-5907-6668　FAX 050-3156-2790

＊価格は全て本体価格表示です。